Les mots pour convaincre

Stéphane Wattier

Les mots pour convaincre

DU MÊME AUTEUR

– Objectif DELF B1

– Objectif DELF B2

– Objectif DALF C1

– Production écrite DELF B2

– Production orale DELF B2

– Les mots de l'info – *Le vocabulaire essentiel pour argumenter à l'écrit et à l'oral.*

– Écoute le net ! – *101 techniques pour améliorer la compréhension orale avec Internet.*

Table des matières

Bienvenue !

Bienvenue dans *Les mots pour convaincre*, le livre qui permet d'enrichir le vocabulaire pour argumenter à l'écrit et à l'oral.

De nationalité française et professeur de français langue étrangère (FLE) à Hanoï (Vietnam), j'ai créé commun français pour proposer des manuels destinés aux niveaux intermédiaires et avancés depuis 2016. Examinateur habilité, cela fait plus de 20 ans que je fais passer les examens du DELF et du DALF. Passionné par l'apprentissage des langues sur Internet, j'anime depuis toujours des forums et des groupes sur Facebook.

Les mots pour convaincre fait partie de la collection « Les mots... », entièrement conçue pour enrichir le vocabulaire. Voici les autres titres déjà parus :

— Les mots de l'info – *Plus de 400 mots-clés pour lire la presse et exprimer son opinion.*

Devenez membre de commun français

L'e-book « Tests et diplômes de français - comment choisir ? » est offert à tous les nouveaux abonnés à la lettre de Commun français :

https://communfrancais.com/accueil/abonnez-vous/

Contact

Travailler avec un livre ne veut pas dire travailler seul. Vous pourrez à tout moment poser des questions et échanger avec d'autres lecteurs sur le forum de commun français : https://www.facebook.com/groups/communfrancais/

N'hésitez pas à me contacter par courrier électronique pour toutes vos remarques et suggestions sur *Les mots pour convaincre*. Je me ferai un plaisir de vous répondre : contact@communfrancais.com

Bonne lecture !

Stéphane Wattier.

Introduction

Le but général des *Mots pour convaincre* est de constituer le lexique essentiel — près de 750 mots et expressions correspondant aux niveaux B2 et C1 — pour argumenter avec aisance à l'écrit (lettres formelles, essais...) et à l'oral (exposés, débats...). Le livre rassemble le vocabulaire indispensable dans un format pratique, qui permet de l'acquérir rapidement et de le réviser juste avant un examen. Le vocabulaire appartient au registre standard — voire formel dans certains cas — pour permettre son emploi dans tous les contextes à l'écrit comme à l'oral.

À qui s'adresse ce livre ?

Les mots pour convaincre pourront intéresser tous ceux qui ont besoin d'enrichir leur vocabulaire pour comprendre et construire une argumentation en français. Les 15 leçons progressives, qui partent d'activités de compréhension pour arriver à des productions de plus en plus complexes, permettent de mémoriser les fonctions de langue essentielles, comme exprimer un point de vue, proposer des solutions, etc. L'objectif visé est le *perfectionnement* — autrement dit la richesse et la variété du vocabulaire — tel qu'il est exigé à partir du niveau B2 par le Cadre européen de référence.

Les candidats au DELF B2 ou au DALF C1 y trouveront un outil indispensable pour se préparer à l'examen. En effet, toutes les épreuves ont un rapport direct avec l'argumentation : il faut comprendre des émissions de radio ou des articles de presse qui exposent des opinions ; en production, il est demandé d'écrire une lettre formelle et de présenter un point de vue lors d'un exposé oral. Par ailleurs, les exemples et les exercices proposés dans ce livre ont été soigneusement choisis afin de correspondre aux problématiques fréquentes aux examens, pour un entraînement encore plus efficace.

Quant aux enseignants de français langue étrangère (FLE), ils trouveront rassemblés en un volume des contenus d'apprentissage habituellement dispersés dans les manuels et limités à quelques actes de paroles ou à des connecteurs logiques. Or, l'aisance dans l'argumentation suppose également la maîtrise de nombreux verbes et substantifs, comme ceux qui permettent d'expliquer les causes et les conséquences d'un phénomène. De plus, les séquences pédagogiques, conçues pour aller rapidement à l'essentiel, pourront aussi bien étayer des productions en classe que compléter une préparation aux examens du DELF/DALF par des activités supplémentaires en dehors des cours.

Comment ce livre est-il organisé ?

Les mots pour convaincre sont organisés autour de 4 parties qui correspondent aux 4 grandes opérations de l'argumentation : structurer un discours, présenter des faits, prendre position et débattre. Chaque partie permet d'apprendre 3 ou 4 fonctions essentielles, c'est-à-dire des actions concrètes de communication. Par exemple, dans la partie *Présenter des faits*, nous verrons comment donner des chiffres, exprimer une certitude...

À chacune des fonctions est consacrée une séquence d'apprentissage complète et progressive qui comprend 6 étapes :

1.   *Observer* expose une dizaine d'exemples pour introduire la fonction.
2.   *Comprendre* invite à réactiver les connaissances et à découvrir le sens des mots et expressions nouveaux, la construction des verbes, etc.
3.   *Pratiquer* contient 3 exercices de difficulté croissante pour entraîner à l'emploi du vocabulaire.
4.   *À vous de jouer* propose des activités de production libre, à l'écrit ou à l'oral, qui incitent à réemployer le lexique en variant les formulations.
5.   *Pour aller plus loin* explique et illustre 3 expressions idiomatiques couramment employées par les Français. Là encore, ces expressions sont choisies dans le registre standard ou formel, pour permettre leur emploi dans un contexte scolaire ou professionnel.
6.   La *boîte à outils* récapitule le vocabulaire essentiel, pour le retrouver facilement lors d'activités de production, ou encore pour une révision rapide avant un examen.

Les corrigés des exercices, ainsi que les propositions de réponses pour les activités de production libre, sont fournis à la fin du livre.

Comment mémoriser tout ce vocabulaire ?

Les mots pour convaincre vont ainsi permettre d'apprendre un minimum de 750 mots et expressions. Grâce à son organisation par fonctions de langue, aux nombreux exemples et exercices, ainsi qu'aux activités de productions libres, ce livre constitue déjà une aide appréciable à la mémorisation. De plus, les boîtes à outils permettent de retrouver facilement les mots dont on a besoin lors d'un écrit ou d'un exposé.

Toutefois, pour une bonne mémorisation à long terme, il faudra compléter par d'autres stratégies, comme celles-ci :

Stratégie 1 : fréquentez régulièrement les médias francophones, en particulier les articles de presse qui exposent des opinions et les émissions de radio qui organisent des débats. Vous y retrouverez fréquemment les mêmes mots pour convaincre, ce qui vous aidera à les mémoriser.

Stratégie 2 : complétez les mots en cherchant d'autres « membres de la famille » : verbes, substantifs, adjectifs et adverbes. Vous les apprendrez plus durablement et... votre lexique dépassera largement les 750 mots !

Stratégie 3 : Réutilisez les mots et expressions appris de manière régulière. Formulez vos exemples personnels, cherchez toutes les occasions pour les employer dans vos productions orales et écrites.

Stratégie 4 : Créez vos propres exercices et testez-vous régulièrement pour être certain de ne pas oublier le vocabulaire. Pour cela, je recommande l'application *Quizlet*. Disponible en version web et mobile, elle permet de fabriquer très facilement des listes de mots avec leurs définitions ou traductions. Ensuite, l'application crée automatiquement des cartes mémo (*flash cards*) pour entraîner votre mémoire, mais aussi des quiz pour vous tester. Pour en savoir plus sur *Quizlet*, je vous invite à lire la présentation détaillée sur le blog de Commun français :

https://communfrancais.com/2018/11/02/test-application-quizlet/

C'est à vous de jouer maintenant !

Les mots pour structurer

Introduire et conclure

OBSERVER

1. Je montrerai dans un second temps que l'accueil des étudiants est encore insatisfaisant.

2. Pour conclure, l'écotourisme a encore beaucoup de progrès à faire.

3. Dans un article portant sur la qualité de l'air en ville, l'auteur affirme que les mesures sont souvent faussées.

4. J'ai ensuite examiné les objections que l'on pouvait faire au permis à points.

5. Nous avons vu dans un premier temps que la situation est catastrophique à la campagne.

6. On parle beaucoup en ce moment du gaspillage alimentaire.

7. Bref, les examens devraient être mieux surveillés.

8. Je commencerai par aborder les avantages du télétravail.

9. En définitive, les méthodes d'enseignement ont beaucoup évolué.

10. Tout bien considéré, il ne faudrait pas interdire les téléphones portables.

COMPRENDRE

1. Classez les phrases de la section *Observer* selon leur fonction.

A. Introduire un problème :

B. Annoncer le plan :

C. Passer à la conclusion :

D. Récapituler les arguments :

E. Résumer l'opinion générale :

2. Remettez dans l'ordre cette introduction.

A. J'exposerai en premier lieu les conséquences de ce grave phénomène. B. Enfin, j'essaierai de proposer des solutions dans le domaine des transports. C. Je continuerai en montrant que les causes sont surtout humaines. D. Cet article évoque le changement climatique.

....

....

....

....

14

3. Dans la phrase 10, on pourrait remplacer *Tout bien considéré* par... (plusieurs réponses possibles)

    A.   En somme
    B.   Bref
    C.   En effet
    D.   En fin de compte

PRATIQUER

4. Trouvez un problème pour chaque paire d'éléments, puis posez-le en une phrase.

A. Enfant / téléphone

....

B. Ville / campagne

....

C. Homme / robot

....

5. Rédigez l'introduction d'un exposé à partir des éléments suivants.

- Énergie nucléaire

- Avantages : moins polluante / moins chère

- Inconvénients : danger pour la santé / stockage des déchets

....
....
....
....

6. Reprenez les éléments de l'exercice 5 et rédigez la conclusion de l'exposé.

....
....
....
....

À VOUS DE JOUER !

7. Retrouvez les arguments qui ont pu amener à cette conclusion générale. Puis, rédigez l'introduction et la conclusion d'un essai.

En fin de compte, rendre le port de l'uniforme obligatoire à l'école ne serait pas spécialement bénéfique pour l'enfant.

....

....

....

....

....

....

....

....

POUR ALLER PLUS LOIN

Dans les grandes lignes : seulement les points généraux, pas tous les détails. *Je commencerai par exposer la situation dans ses grandes lignes.*

Aller trop vite en besogne : arriver trop rapidement à une conclusion ou à une décision, avant d'avoir analysé suffisamment un problème. *On pourrait en conclure que je suis favorable à l'énergie nucléaire, mais n'allons pas trop vite en besogne !*

Il ressort de (tout) ceci que : on peut conclure à partir de tous ces éléments que... *Il ressort de tout ceci que la sortie du nucléaire sera longue et compliquée.*

BOÎTE À OUTILS

Introduire un problème

On parle beaucoup de...

Certains affirment que...

Ce qui nous préoccupe ici, c'est...

Tout le monde s'accorde à penser que...

Cet article évoque...

Dans un article portant sur..., l'auteur affirme que...

Un évènement récent pose encore une fois le problème de...

Annoncer le plan

Je commencerai par aborder/examiner/considérer...

Je présenterai dans un premier temps...

Je continuerai/terminerai par...

Je montrerai dans un second temps que...

Je développerai en dernier lieu...

Nous verrons que...

Enfin, j'essaierai de prouver que...

Passer à la conclusion

Pour conclure,

Pour terminer,

En définitive,

En guise de conclusion,

Je terminerai en disant que...

Il apparaît bien pour finir que...

Récapituler les arguments

Ce qu'il faut retenir, c'est que...

Nous avons vu que...

J'ai montré dans un premier temps que...

J'ai tenté de proposer des solutions acceptables, comme...

J'ai examiné les objections que l'on pouvait faire à...

Je crois avoir suffisamment prouvé que...

Résumer l'opinion générale

Au fond, bref, en fin de compte, en somme, finalement, je résumerai en disant que..., tout bien considéré

Marquer des transitions

OBSERVER

1. Je souhaiterais revenir un moment sur l'aspect créatif du jeu vidéo.
2. Venons-en à présent aux modalités d'application de cette mesure.
3. Entre parenthèse, ce n'est pas la première fois qu'un tel problème survient.
4. Je précise en passant que l'auteur s'est trompé sur les chiffres.
5. Je ne m'étendrai pas sur cet inconvénient.
6. J'évoquais précédemment la responsabilité des consommateurs.
7. Après avoir examiné les causes, considérons maintenant les solutions.
8. Mais n'anticipons pas.

COMPRENDRE

1. Pourquoi faut-il utiliser des phrases de transition ?

....

....

2. Les transitions sont-elles plus utiles dans une argumentation écrite ou orale ? Justifiez votre réponse.

....

....

3. Classez les phrases de la section _Observer_ selon leur fonction.

A. Passer à l'étape suivante :

B. Ouvrir une parenthèse :

C. Revenir en arrière :

D. Interrompre un développement :

PRATIQUER

4. Complétez les phrases avec les mots suivants correctement accordés : _aspect, atout, remarque, arrière, avantage._

A. Après avoir considéré les inconvénients, abordons maintenant les ....

B. Considérons maintenant l'.................... juridique de ce problème.

C. Mais je souhaiterais revenir un peu en ....

D. Malgré ses faiblesses, cette solution présente de nombreux ....

E. Je voudrais faire une dernière .... avant de conclure.

5. Reformulez les phrases suivantes d'une manière plus formelle.

A. Je vais passer à la deuxième partie : les inconvénients.

....

B. J'ai une parenthèse à faire.

....

C. J'ai déjà parlé avant du gaspillage alimentaire.

....

D. J'arrête de répondre à cette question.

....

6. Complétez les phrases suivantes.

A. Comme je le disais ...., l'augmentation des gaz à effet de serre est inquiétante.

B. Je .... rapidement sur la question des OGM.

C. Je souhaiterais .... poursuivre avec l'énergie solaire.

D. Il faudrait supprimer ce moyen de transport qui, soit dit entre ...., coûte très cher.

E. Cela nous .... à l'aspect économique.

F. Mais je ne voudrais pas .... et je laisse cet aspect pour plus tard.

À VOUS DE JOUER !

7. Vous présentez un exposé sur les jeux vidéo. Trouvez un lien logique entre chaque paire d'éléments et rédigez une phrase de transition.

A. Éducatif / sanitaire

....

B. Addiction / 0.3%

....

C. Développer des réflexes / ralentir le vieillissement

....

POUR ALLER PLUS LOIN

Revenons à nos moutons : revenons à notre sujet (se dit lorsque le dialogue s'est trop éloigné de son sujet principal). *Tout cela est très intéressant, mais revenons à nos moutons : quelles seraient les autres conséquences sur la santé ?*

Sauter du coq à l'âne : passer d'un sujet à un autre sans aucune transition. *Il saute tout le temps du coq à l'âne, je n'arrive pas à suivre son développement.*

Entrer dans le vif du sujet : aborder le point le plus important. *Avant d'entrer dans le vif du sujet, je souhaiterais faire une remarque.*

BOÎTE À OUTILS

Les moments du développement

Aspect, atouts/faiblesses, avantages/inconvénients, digression, parenthèse, partie, précision, remarque, retour en arrière, thèse/antithèse/synthèse

Verbes

Aborder, amener, analyser, anticiper, considérer, développer, étudier, évoquer, examiner, laisser, passer, poursuivre, préciser

Passer à l'étape suivante

Venons-en à présent à la question de...

Cela nous amène à...

Je voudrais à présent poursuivre avec...

Après avoir examiné les causes, considérons maintenant les solutions.

Ouvrir une parenthèse

Entre parenthèse,

Je souhaiterais ouvrir une parenthèse.

Je précise en passant que...

Revenir en arrière

Je souhaiterais revenir un moment sur...

Pour en revenir à...

J'évoquais précédemment...

Interrompre un développement

Je passerai rapidement sur...

Je ne m'étendrai pas sur...

Mais n'anticipons pas.

Donner des exemples

OBSERVER

1. Par exemple, le cuir animal peut être remplacé par des champignons.

2. Tel est le cas par exemple de la publicité destinée aux enfants.

3. En ce qui concerne l'eau, on peut craindre une crise sans précédent.

4. Ainsi, en France, de nombreux pesticides restent autorisés.

5. Il faut développer des énergies propres, telle la biomasse.

6. La nouvelle loi complique notamment la création de vidéos.

7. J'illustrerai ce point par une anecdote personnelle.

8. Les mentalités évoluent et le succès de cette application le montre.

9. L'énergie nucléaire est dangereuse, comme en témoigne le drame de Tchernobyl.

COMPRENDRE

1. Dans la section *Observer*, repérez les mots et expressions qui servent à introduire un exemple. Puis classez-les dans les catégories suivantes.

A. Substantifs :

B. Adverbes ou locutions adverbiales :

C. Verbes :

D. Adjectifs :

E. Constructions verbales :

2. Associez à leur définition les mots suivants : *preuve, anecdote, illustrer, précédent, témoigner, confirmer.*

A. Fait qui permet d'établir la vérité :

B. Rendre quelque chose encore plus certain :

C. Petite aventure vécue :

D. Montrer que quelque chose est vrai :

E. Donner une image concrète à une opinion :

F. Fait semblable déjà survenu :

3. Dans la phrase 5 de la section *Observer*, le mot *telle* :

- A. S'accorde avec le mot qui précède.
- B. S'accorde avec le mot qui suit.
- C. Ne s'accorde pas du tout.

PRATIQUER

4. Associez les 2 parties de chaque phrase.

- A. Ces propos me rappellent
- B. On voit se développer de nouveaux véhicules,
- C. La voiture autonome représente un défi humain,
- D. Une vie sans plastique est possible,

- 1. telle la voiture volante.
- 2. en particulier psychologique.
- 3. comme le prouve une initiative suédoise.
- 4. un accident qui m'est arrivé à 9 ans.

5. Remettez les phrases dans l'ordre et rétablissez la ponctuation.

A. permet - réduire - dispositif - ce - notamment - la - consommation – de

....

B. le - ordinateurs - exemple - classe - prenons - portables - par - des - en – cas

....

C. comme - nombreux - prix - France - pays - de - le - tabac - augmentent - la - du - régulièrement

....

D. il - article - l' - supprimer - comme - école - notes - montre - faudrait - le - cet - à – les

....

6. Complétez les phrases suivantes.

A. ...., la consommation de viande a diminué de 20% en deux ans.

B. J'aimerais .... ceci par une .... personnelle.

C. C'est le .... de la culture du colza.

D. La cigarette électronique fait craindre pour la santé, ... témoigne son interdiction récente dans les bureaux.

E. Il faudrait étendre l'application de cette loi, ... dans le domaine du travail.

À VOUS DE JOUER !

7. Vous voulez illustrer l'argument ci-dessous. Cherchez 3 exemples en variant les formulations.

En français, de nombreuses règles d'orthographe sont difficiles à comprendre.

....

....

....

....

....

....

POUR ALLER PLUS LOIN

Ce ne sont pas les exemples qui manquent : les exemples sont nombreux, très faciles à trouver. *Mais, observez la pollution dans notre environnement, ce ne sont pas les exemples qui manquent !*

Un exemple vaut mieux qu'un long discours : prenons tout de suite un exemple, qui montrera l'idée plus clairement que de longues explications. *Mais un exemple vaut mieux qu'un long discours, alors prenons le cas du vélo électrique.*

C'est l'exception qui confirme la règle : se dit d'un contre-exemple, c'est-à-dire d'un exemple différent des autres, mais qui ne remet pas en cause une règle générale. *Le tourisme à Paris se porte bien, mais c'est l'exception qui confirme la règle : l'année a été difficile pour la France.*

BOÎTE À OUTILS

Substantifs

Anecdote, cas, exemple, illustration, précédent, preuve, témoignage

Verbes

Confirmer, illustrer, indiquer, montrer, prouver, témoigner

Adverbes et locutions adverbiales

Ainsi, comme, en particulier, notamment, par exemple

Adjectif

Tel

Constructions verbales

Je vais prendre un exemple :

Prenons par exemple le cas de...

Pour prendre un exemple personnel,

Cela me rappelle...

J'illustrerai ce point par...

C'est le cas notamment de...

Tel est le cas par exemple de...

Si l'on prend le cas de..., on constate que...

Comme en témoigne/le montre...

Relier les arguments

OBSERVER

1. Enfin, l'apprentissage d'une langue permet de s'ouvrir à une autre culture.

2. L'addiction au jeu vidéo est très répandue. D'ailleurs, elle vient d'être reconnue officiellement par l'Organisation Mondiale de la Santé.

3. Soit on crée des couloirs réservés, soit on interdit les trottinettes.

4. Les produits recyclables seraient la meilleure solution. En fait, leur méthode de production n'est pas toujours écologique.

5. Il faut rappeler par ailleurs que les parents sont favorables à cette interdiction.

6. En premier lieu, les publicités sur les trottoirs sont trop envahissantes.

7. Non seulement le livre numérique est plus accessible, mais encore il donne envie de lire aux plus jeunes.

8. Quant à l'énergie hydraulique, elle demande des investissements importants.

9. Cette solution a la préférence des utilisateurs. En effet, elle coûte beaucoup moins cher.

10. Cette application permet d'autre part de créer des cartes mémo.

COMPRENDRE

1. Dans la section *Observer*, repérez les mots et expressions qui servent à relier des arguments, puis classez-les dans les catégories suivantes.

A. Commencer un développement :

B. Continuer un développement :

C. Terminer un développement :

D. Expliquer un argument :

E. Renforcer un argument :

F. Poser une alternative :

2. Associez les connecteurs.

A.	Non seulement	1.	Enfin
B.	D'une part	2.	Mais encore
C.	Tout d'abord	3.	De l'autre
D.	D'un côté	4.	D'autre part

3. *En effet* et *en fait* sont-ils synonymes ? Justifiez votre réponse.

....

PRATIQUER

4. Associez les phrases.

A. Le tabac est de moins en moins toléré en ville, même à l'extérieur.
B. Ces arbres font partie de notre patrimoine.
C. Cette mesure sera très difficile à appliquer.
D. Le volume des cours scientifiques devrait augmenter.
E. Les femmes ont aussi leur place dans les métiers du numérique,

1. En outre, ils aident à limiter la pollution.
2. De fait, la plupart des riverains la contestent déjà.
3. d'autant plus que le secteur peine à recruter.
4. La ville de Paris a d'ailleurs l'intention de l'interdire dans les jardins publics.
5. Pour ce qui est des langues étrangères, c'est encore l'incertitude.

5. Imaginez la suite de ces phrases.

A. Non seulement les réseaux sociaux nous font perdre du temps, ...

....

B. En premier lieu, la lecture est un excellent moyen de se cultiver. En deuxième lieu, ...

....

C. On entend souvent dire qu'Internet est sans frontières. En fait, ...

....

D. En interdisant le téléphone en classe, d'un côté on favorise la concentration,

....

6. Complétez le développement suivant avec les mots et expressions qui conviennent.

Faut-il devenir végétarien ?

.... l'élevage cause de nombreuses souffrances aux animaux. .... ils sont souvent entassés dans des espaces très réduits. ...., l'élevage intensif pose de graves problèmes pour l'environnement. .... il pollue les sols, ... il conduit à la déforestation. ...., tout le monde peut adopter un régime végétarien. Les médias évoquent souvent ses dangers, mais .... une alimentation sans protéines animales, bien équilibrée, est bonne pour la santé. ...., de nombreux spécialistes ont démontré les méfaits de la viande sur l'organisme.

À VOUS DE JOUER !

7. Lisez la problématique, puis rédigez un développement en utilisant obligatoirement les connecteurs dans l'ordre indiqué.

Pour ou contre la journée sans Internet ?

En premier lieu... De fait... D'autant plus que... En deuxième lieu... En ce qui concerne... En dernier lieu... En fait...

....

....

....

....

....

....

....

....

....

....

POUR ALLER PLUS LOIN

Le dernier et non des moindres : expression qui sert à introduire un dernier argument ou élément d'information, considéré comme le plus important. *Le dernier avantage, et non des moindres, c'est que la voiture volante permettra de réduire les embouteillages.*

Dans le même ordre d'idées : d'une manière comparable, en poursuivant dans la même direction. *On pourrait limiter la circulation des voitures en ville et, dans le même ordre d'idées, inciter les habitants à prendre les transports en commun.*

Faire pencher la balance (en faveur de, du côté de...) : donner la préférence à un argument ou à une solution. *Mais ce qui a fait pencher la balance en faveur du solaire, c'est la nette diminution des coûts d'investissement depuis quelques années.*

BOÎTE À OUTILS

Commencer un développement

D'une part, en premier lieu, pour commencer, tout d'abord

Continuer un développement

Aussi, d'autre part, de même, de plus, en ce qui concerne, en deuxième lieu, en outre, ensuite, par ailleurs, pour ce qui est de, puis, quant à

Terminer un développement

En dernier lieu, enfin, pour finir/terminer

Expliquer un argument

À savoir, ce qui revient à dire, c'est-à-dire, de fait, en effet, en fait, en réalité, ou plus exactement

Renforcer un argument

D'ailleurs, d'autant plus que, de surcroît, non seulement... mais encore, qui plus est, sans compter que

Poser une alternative

D'un côté... de l'autre, soit... soit, tantôt... tantôt

Les mots pour présenter des faits

Donner des chiffres

OBSERVER

1. Le groupe a dépassé les 200 milliards de dollars de chiffre d'affaires, c'est énorme !

2. En France, le taux de chômage avoisine les 9% de la population.

3. Le patrimoine immobilier de l'État s'élève à près de 64 milliards d'euros.

4. On recense actuellement 300 millions de francophones dans le monde.

5. Ces maisons sont à vendre à un prix dérisoire.

6. C'est une petite ville qui compte à peine 2000 habitants.

7. La plupart des emplois seront touchés par l'intelligence artificielle.

8. La forêt représente environ 20% de la surface du pays.

9. Les coûts de rénovation sont estimés approximativement à 100000 euros.

10. Les trois quarts des frais sont couverts par l'assurance.

COMPRENDRE

1. Associez à leur définition les verbes suivants : *dépasser, avoisiner, recenser, approcher, représenter, gagner.*

A. Monter au-dessus :

B. Se situer un peu au-dessous :

C. Se situer près d'un certain nombre :

D. Obtenir de l'argent :

E. Compter une population dans le détail :

F. Valoir une certaine proportion, un pourcentage :

2. Associez les pourcentages suivants aux expressions de proportions : 95% - 6% - 49% - 33% - 65%

A. La majorité de :

B. Un tiers de :

C. À peine la moitié de :

D. La plupart de :

E. Une petite minorité de :

3. Classez les adjectifs suivants : *dérisoire, excessif, énorme, ridicule, modique, considérable.*

A. Très grande quantité :

B. Très petite quantité :

PRATIQUER

4. Complétez les phrases avec les verbes suivants correctement conjugués : *estimer, représenter, compter, dépasser, s'élever.*

A. Cette université .... approximativement 3500 étudiants.

B. C'est un excellent chiffre, qui sera difficile à .... l'année prochaine !

C. Dans cette entreprise, les femmes ne .... qu'un tiers des cadres.

D. Sa fortune est quasiment impossible à ....

E. En 2018, le nombre d'accidents .... à 500 sur la route.

5. Reformulez les phrases.

A. Il gagne plus de 3000 euros par mois.

....

B. 51% des habitants sont pour la fermeture des frontières.

....

C. Dans ma ville, presque 30% des jeunes sont au chômage.

....

D. Le montant de cette aide n'est vraiment pas suffisant.

....

6. Complétez les phrases par les mots ou expressions qui conviennent.

A. Les dégradations commises dans le monument .... à 50000 euros.

B. Il a quitté son entreprise parce qu'il .... un salaire ....

C. La .... des enfants en difficulté est d'.................... 7%.

D. Le règlement a été adopté car .... employés étaient d'accord.

E. Non, il a acheté .... 23 maisons dans ce quartier !

F. Les étrangers ne .... qu'une minorité dans cette ville.

G. Le .... de magasins .... à 600.

À VOUS DE JOUER !

7. Donnez 5 chiffres qui concernent l'éducation dans votre pays, en variant les formulations (verbes, substantifs, adverbes, etc.)

....

....

....

....

....

....

....

....

....

....

POUR ALLER PLUS LOIN

C'est une goutte d'eau dans l'océan : c'est une très petite quantité, sans conséquence. *Les moyens accordés contre le chômage des jeunes, c'est vraiment une goutte d'eau dans l'océan !*

Des mille et des cents : beaucoup d'argent. *Mais un professeur de collège ne gagne pas des mille et des cents.*

À peu de chose près : environ, presque égal à... *C'est la même proportion dans mon pays, à peu de chose près.*

BOÎTE À OUTILS

Verbes

Approcher, avoisiner, compter, dépasser, s'élever à, être estimé à, gagner, recenser, représenter

Adjectifs

Anecdotique, considérable, dérisoire, énorme, excessif, modique, raisonnable, ridicule

Substantifs

Coût, équivalent, montant, nombre, part, pourcentage, proportion, taux

Adverbes

À peine, à peu près, approximativement, environ, exactement, précisément, près de, presque

Expressions de la proportion

Une petite minorité, un quart, un tiers, à peine la moitié, la moitié, à peine plus de la moitié, la majorité, les trois quarts, la plupart, l'ensemble/la totalité/l'intégralité

Montrer l'évolution

OBSERVER

1. J'aimerais améliorer ma prononciation en français.

2. Comment empêcher les OGM de se répandre dans la nature ?

3. La ville s'est beaucoup transformée ces dernières années.

4. Le nouveau gouvernement a promis une réduction des inégalités.

5. À cause du réchauffement climatique, l'eau se raréfie déjà dans certaines régions.

6. La vie des agriculteurs a connu de nombreux bouleversements.

7. Le prix de l'essence poursuit sa hausse entamée au début de l'année.

8. Leurs conditions de vie ne cessent de se dégrader.

9. Les contrôles aux frontières ont été renforcés.

10. Malgré la reprise économique, le chômage a stagné en 2017.

COMPRENDRE

1. Dans la section *Observer*, repérez les mots qui servent à exprimer une évolution (un changement), puis classez-les dans les catégories suivantes.

A. Pas d'évolution :

B. Évolution générale :

C. Évolution quantitative + :

D. Évolution quantitative - :

E. Évolution qualitative + :

F. Évolution qualitative - :

2. Associez les mots de sens contraire.

A.	S'améliorer	1.	Permanent
B.	Changer	2.	Diminution
C.	Variable	3.	Empirer
D.	Accélérer	4.	Se maintenir
E.	Renforcement	5.	Affaiblissement
F.	Hausse	6.	Ralentir

PRATIQUER

3. Montrez l'évolution quantitative, en complétant les phrases avec les verbes suivants correctement conjugués : *se répandre, se raréfier, se multiplier, augmenter, ralentir, réduire.*

A. Mauvaise nouvelle : la progression de l'emploi salarié .... en début d'année.

B. Les interventions des pompiers .... de 4% en 2018.

C. Dans la journée d'hier, cette fausse information .... très rapidement sur les réseaux sociaux.

D. Les gouvernements européens se sont engagés à .... les gaz à effet de serre.

E. De nombreuses espèces animales .... à cause des pesticides.

F. Les applications de rencontre .... en France : on en compte maintenant plus de 2000 !

4. Montrez l'évolution qualitative, en exprimant le contraire de chaque phrase.

A. Les symptômes de sa maladie s'améliorent depuis 2 mois.

....

B. Cette idée se trouve renforcée par les évènements récents.

....

C. Dans son troisième livre, le style de l'auteur s'est épanoui.

....

D. On assiste à une détérioration des méthodes d'enseignement.

....

E. Nombreux sont ceux qui réclament le maintien de cette loi.

....

5. Rédigez des phrases à partir des informations fournies.

A. Essence / + 20%

....

B. Espaces verts / 1996 : 5 hectares / 2016 : 0,5 hectare

....

C. Qualité de l'air / 2017 : 70% / 2018 : 75% / 2019 : 80%

....

D. Paris / 2010 : 2 millions d'habitants / 2019 : 2 millions d'habitants.

....

E. Santé de Paul / mai : moyenne / juin : très mauvaise.

....

À VOUS DE JOUER !

6. Quels grands changements votre pays a-t-il connus depuis le début de ce siècle ?

....

....

....

....

....

....

....

....

....

....

POUR ALLER PLUS LOIN

En dents de scie : se dit d'une évolution très irrégulière (avec des hauts et des bas). *Le bilan est satisfaisant, malgré une progression en dents de scie.*

Au fur et à mesure : progressivement et proportionnellement. *Les aides sociales se réduisent au fur et à mesure des réformes.*

Se réduire comme une peau de chagrin : diminuer peu à peu, jusqu'à la disparition. *Sans réaction de notre part, les terres cultivables vont se réduire comme une peau de chagrin.*

BOÎTE À OUTILS

Pas d'évolution

- maintien, stabilité, stagnation
- (se) maintenir, (se) stabiliser, stagner
- immuable, inchangé, permanent, stable
- constamment, continuellement, invariablement

Évolution générale

- bouleversement, changement, progression, régression
- évoluer, modifier, (se) transformer, varier
- instable, irrégulier, progressif, variable

Évolution quantitative +

- apparition, augmentation, croissance, développement, essor, hausse
- accélérer, augmenter, (se) diviser, doubler, (se) multiplier, (se) répandre
- croissant, étendu, répandu

Évolution quantitative −

- baisse, chute, diminution, disparition, réduction, suppression
- dégringoler, diminuer, disparaître, ralentir, (se) raréfier, réduire
- appauvri, décroissant, restreint

Évolution qualitative +

- amélioration, perfectionnement, réforme, renforcement
- (s') améliorer, s'épanouir, (s') intensifier, renforcer
- achevé, épanoui, perfectionné, renforcé

Évolution qualitative -

- affaiblissement, déclin, dégradation, détérioration
- (s') aggraver, décliner, (se) dégrader, empirer,
- déclinant, déstabilisé, fragilisé, pire

Expliquer les causes et les conséquences

OBSERVER

1. Le manque de motivation est responsable des abandons dans les cours en ligne.
2. Ils ne sont pas venus à la réunion sous prétexte qu'ils étaient occupés ailleurs.
3. Le changement d'heure permet d'économiser de l'électricité.
4. Le changement climatique affecte déjà de nombreuses régions.
5. La hausse du carburant s'explique par celle du pétrole.
6. Les autres dirigeants ont été choqués par son discours, c'est pourquoi ils ont quitté la salle.
7. Les inondations ont déjà un impact sur l'emploi.
8. Le projet a été abandonné faute de financement.
9. L'origine du drame est probablement une erreur humaine.
10. L'achat de produits régionaux favorise la création d'emplois.

COMPRENDRE

1. Parmi les phrases de la section *Observer*, relevez les mots et expressions qui servent à introduire une cause ou une conséquence.

A. Cause :

B. Conséquence :

2. Classez ces verbes selon le type de conséquence qu'ils servent à introduire : *affecter, favoriser, rendre, être responsable de, permettre, provoquer, entraîner.*

A. Conséquence positive :

B. Conséquence négative :

C. Conséquence positive ou négative :

3. Associez les connecteurs avec leur définition.

A. Étant donné que
B. Faute de
C. Sous prétexte que
D. Grâce à
E. Puisque
F. À force de

1. Indique que la cause est une action intensive et répétée.
2. Suppose que la cause invoquée est fausse.
3. Rappelle une cause que personne ne peut contester.
4. Indique que la cause est un manque.
5. S'utilise quand la cause est déjà connue du destinataire.
6. Indique que la cause a aidé à obtenir un bon résultat.

PRATIQUER

4. Associez les 2 parties de chaque phrase.

A. Trouver un travail
B. Les grèves à répétition
C. La montée des eaux
D. Le développement des robots
E. Un décès sur dix
F. Ce festival de cinéma
G. La consommation de viande
H. Apprendre une langue

1. s'explique par la fonte des glaces.
2. suscitent la colère des voyageurs.
3. est en partie responsable de la déforestation.
4. rend plus tolérant.
5. entraînera des suppressions d'emplois.
6. est dû à la pollution.
7. facilite l'intégration dans la société.
8. permet d'attirer les touristes.

5. Remettez ces phrases dans l'ordre et rétablissez la ponctuation.

A. examens - par - assez - pas - sont - nombreux - contrôlés - les - candidats - trichent - conséquent - de – ne

....

B. commencent - habitants - construction - bruyante - partir - tellement - parking - les - la - est - à - que - du

....

C. il - déménager - de - bien - travail - trouvé - doit - a - lui - qu' - un - si - loin - chez - il

....

D. plus - il - répéter - est - même - force - écouté - chose - la - à - n' - de

....

E. les - trains - chutes - raison - annulés - neige - en - sont - de - de

....

F. protégé - que - interdit - il - parc - étant - camper - donné - est - est - y - ce - d'

....

6. Complétez les phrases suivantes.

A. On craint un épisode de sécheresse, ... il ne pleut pas depuis un mois.

B. On ne connaît pas encore .... de la panne.

C. Cette réforme ne peut pas rester sans .... sur la qualité de l'enseignement.

D. Je vous propose de voter, ... nous n'arrivons pas à nous mettre d'accord.

E. La tempête .... de nombreux accidents.

F. Les trottinettes roulent très vite, ... elles sont interdites sur les trottoirs.

À VOUS DE JOUER !

7. Reliez les éléments, dans l'ordre de votre choix, en imaginant des relations de cause et de conséquence. Puis, rédigez des phrases en utilisant les mots ou expressions qui conviennent.

A. Université - Jeux vidéo – Stress

....

....

B. Sacs plastiques - Hôpitaux - Océans – Robots

....

....

C. Orthographe - Divorce - Télétravail - Lecture - Énergie nucléaire

....

....

POUR ALLER PLUS LOIN

La montagne qui accouche d'une souris : faire beaucoup d'efforts pour un très petit résultat. *Ce forum sur le climat a fait beaucoup de bruit, mais n'a abouti à aucune décision concrète. C'est vraiment la montagne qui accouche d'une souris !*

Donner du fil à retordre : causer de nombreuses difficultés. *La nouvelle réglementation sur les données personnelles pourrait donner du fil à retordre aux réseaux sociaux.*

La pomme de discorde : cause de division ou de dispute. *Le réchauffement climatique est toujours une pomme de discorde entre les États.*

BOÎTE À OUTILS

Expliquer les causes

- **Substantifs :** moteur, motif, motivation, origine, pourquoi, prétexte, raison

- **Verbes :** avoir pour origine, découler, être causé par, être dû à, être imputé à, provenir de, résulter de, s'expliquer par

- **Connecteurs :** à cause de, à force de, car, comme, dans la mesure où, de peur que (+ subjonctif), dès lors que, en raison de, étant donné que, faute de, grâce à, sous prétexte que, puisque

Expliquer les conséquences

- **Substantifs :** corollaire, effet, fruit, impact, incidence, portée, résultat, retombée, suites

- **Verbes neutres :** déclencher, engendrer, entraîner, influencer, occasionner, produire, rendre (+ adjectif), susciter

- **Verbes positifs :** contribuer à, faciliter, favoriser, permettre (de)

- **Verbes négatifs :** affecter, causer, être responsable de, provoquer

- **Connecteurs :** à tel point que, ainsi, au point de (que), c'est pourquoi, de ce fait, de telle sorte/façon que, par conséquent, si bien que, tellement que

Exprimer une certitude ou une incertitude

OBSERVER

1. Il faudra sans aucun doute réduire notre consommation d'électricité.

2. L'annonce d'un changement de direction a suscité le doute parmi les salariés.

3. L'âge de la retraite sera certainement reculé.

4. Je suis persuadé qu'au moins un vaccin doit rester obligatoire.

5. L'amélioration du centre-ville prendra sans doute beaucoup de temps.

6. L'aide des associations en matière de santé est indéniable.

7. Il me semble évident que nous ne pouvons pas continuer à autoriser ces pesticides.

8. La taxe sur le livre numérique pourrait être augmentée en 2020.

9. Dans l'avenir, les livreurs seront éventuellement remplacés par des drones.

10. Il est peu probable que nous trouvions un accord sur le climat.

COMPRENDRE

1. Dans la section *Observer*, repérez les mots et expressions qui servent à exprimer une certitude ou une incertitude.

A. Certitude :

B. Incertitude :

2. Quels sont les modes verbaux souvent employés pour exprimer une incertitude ?

   A. L'indicatif
   B. L'impératif
   C. Le subjonctif
   D. Le conditionnel

3. Associez les mots de sens contraire.

   A. Persuadé   1. Perplexité
   B. Assurance   2. Hypothétique
   C. Certain   3. Éventuellement
   D. Forcément   4. Sceptique

PRATIQUER

4. Complétez les phrases avec les mots suivants : *devrait, incontestablement, convaincu, probable, perplexe, doute.*

A. Je .... que vous puissiez obtenir un rendez-vous aussi rapidement.

B. La route est longue, alors il est peu .... que vous arriviez demain matin.

C. Une nouvelle loi .... être votée en juillet.

D. L'annonce de la réforme m'a laissé ....

E. Le nouvel aménagement du carrefour est .... une réussite.

F. Je reste .... que les grèves vont se poursuivre jusqu'en juin.

5. Remettez les phrases dans l'ordre et rétablissez la ponctuation.

A. probablement - la - ils - prochaine - très - décideront – semaine

....

B. les - reprise - entre - parties - des - hypothétique - deux - la - négociations - reste

....

C. mon - travail - pourrait - se - que - il - change - de - un - frère - dans - an.

....

D. qu' - mois - étonnant - plein - serait - il - il - neige - de - juillet - en

....

E. permettra - excellente - d' - circulation - décision - évidence - cette - ville - améliorer - toute - en - de – la

....

6. Reformulez les phrases suivantes de manière plus formelle.

A. Les employés doivent demander une augmentation, c'est sûr !

....

B. Une diminution des taxes, ils n'y croient pas vraiment !

....

C. Une victoire à la coupe du monde ? Je répète que c'est impossible !

....

D. L'interdiction des trottinettes en centre-ville, c'est pas sûr !

....

43

E. Si la mairie accepte la construction de la médiathèque, je serai vraiment surpris !

....

À VOUS DE JOUER !

7. Certitude ou incertitude ? Imaginez la suite des phrases suivantes.

A. Ma réussite au prochain examen du DELF B2 ....

....

B. Dans 20 ans, en raison du changement climatique ....

....

C. Grâce aux réseaux sociaux ....

....

D. Si on interdit les téléphones portables dans tous les lieux publics ....

....

E. Si le nombre de divorces diminue ....

....

POUR ALLER PLUS LOIN

Avoir l'intime conviction que : être tout à fait certain de quelque chose. *J'ai l'intime conviction que les connaissances s'acquièrent par la pratique.*

Sans l'ombre d'un doute : sans aucun doute possible, incontestablement. *Il faut interdire la cigarette électronique au bureau, sans l'ombre d'un doute.*

Être à prendre avec des pincettes : qui doit être considéré avec prudence. *C'est une information à prendre avec des pincettes, car aucune source n'est mentionnée.*

BOÎTE À OUTILS

Exprimer une certitude

- **Substantifs :** assurance, certitude, conviction, évidence

- **Adjectifs :** assuré, certain, convaincu, évident, incontestable, indéniable, inévitable, persuadé

- **Constructions verbales :** il est certain que, il me semble évident que, il est indéniable que, il va de soi que

- **Adverbes :** certainement, de toute évidence, forcément, incontestablement, indubitablement, sans aucun doute, sûrement

Exprimer une incertitude

- **Substantifs :** doute, éventualité, incertitude, perplexité, possibilité, probabilité, scepticisme

- **Adjectifs :** éventuel, hypothétique, incertain, perplexe, possible, probable, sceptique

- **Constructions verbales :** je ne pense pas que (+ subjonctif), il est possible que (+ subjonctif), il est (peu) probable que (+ subjonctif), il est vraisemblable que (+ subjonctif), il semble que (+ subjonctif), il serait étonnant que (+ subjonctif), il se pourrait que (+ subjonctif), pouvoir (au conditionnel présent)

- **Adverbes :** apparemment, d'une certaine manière, éventuellement, probablement, sans doute, vraisemblablement

Les mots pour prendre position

Exprimer un point de vue

OBSERVER

1. Je pense que nous avons pris la mauvaise direction.
2. Je n'ai pas d'opinion sur cette question.
3. Le taux de réussite au baccalauréat n'est pas très significatif, selon moi.
4. J'ai sur cette question une manière de voir assez différente des autres.
5. Je n'ai pas l'impression qu'il soit difficile de vivre à Paris.
6. De mon point de vue, un contrôle des présences en classe reste indispensable.
7. C'est exactement la thèse qu'il défend depuis des années.
8. Je suis d'avis que nous devrions agir localement.
9. Comment voyez-vous les choses ?
10. Pour ma part, je ne crois pas que ce soit un problème de financement.

COMPRENDRE

1. Dans la section *Observer*, repérez les mots et expressions qui servent à exprimer un point de vue, puis classez-les dans les catégories suivantes.

A. Substantifs :

B. Connecteurs :

C. Constructions verbales :

2. Les constructions verbales exprimant un point de vue sont-elles toujours suivies de l'indicatif ? Justifiez votre réponse.

....

....

PRATIQUER

3. Complétez les phrases avec les mots et expressions suivants : *vision des choses, je ne pense pas que, sens, pour ma part, contre, je dirais que.*

A. .... les hommes soient plus compétents que les femmes.

B. Êtes-vous .... l'interdiction des ordinateurs portables à l'université ?

C. J'aimerais à présent vous exposer ma ....

D. ...., je pense que ce projet est irréalisable.

E. À première vue, ... les taxis volants ont peu de chance de réussir.

F. À mon ...., il faut contrôler davantage l'utilisation des drones.

4. Remettez les phrases dans l'ordre et rétablissez la ponctuation.

A. n' - idée - je - aucune - ai - en

....

B. suis - réforme - me - en - chômage - une - concerne - pour - du - qui - ce - je

....

C. qualité - la - estime - une - dans - j' - que - gourmandise - la - est - vie

....

D. appropriée - pas - téléphones - l' - trouve - soit - je - l' - interdiction - des - école - ne - que - à

....

5. Reformulez les phrases suivantes.

A. Pour la réforme du baccalauréat, comment voyez-vous les choses ?

....

B. Je n'ai pas le même point de vue que vous.

....

C. Je ne veux pas que les notes soient supprimées à l'école.

....

D. Je considère que les inégalités commencent très tôt à l'école.

....

E. Personnellement, je ne crois pas que les enfants lisent moins aujourd'hui.

....

À VOUS DE JOUER !

6. Quelle est votre opinion sur les sujets suivants ? Justifiez votre réponse par un bref développement.

A. La cigarette électronique

B. La simplification de l'orthographe

C. La présence de policiers dans les écoles

D. La publicité sur les trottoirs

E. La limitation de vitesse sur les routes

....

....

....

....

....

....

....

....

....

....

POUR ALLER PLUS LOIN

Prendre fait et cause pour : prendre la défense, se mettre du côté de quelqu'un ou de quelque chose. *De plus en plus de gens choisissent de prendre fait et cause pour les énergies renouvelables.*

Se faire l'avocat du diable : défendre une opinion très impopulaire, critiquée par la plupart des gens. *Je ne voudrais pas me faire l'avocat du diable, mais cette entreprise avait sûrement de bonnes raisons pour supprimer des emplois.*

Avoir voix au chapitre : avoir la possibilité d'exprimer son opinion, de participer à une décision. *Les salariés étaient absents à la réunion, alors ils n'ont pas eu voix au chapitre.*

BOÎTE À OUTILS

Substantifs

Avis, conception, manière de voir, opinion, pensée, point de vue, thèse, vision des choses

Connecteurs

À mes yeux, à mon avis, à mon sens, à première vue, de mon point de vue, en ce qui me concerne, personnellement, pour ma part, pour mon compte, selon moi

Constructions verbales

J'ai l'impression que...

Je considère que...

Je crois que...

Je dirais que...

J'estime que...

Je pense que...

Je suis d'avis que...

Je suis pour (contre)...

Je trouve que...

Il me semble que...

Voir les choses

Formuler un jugement de valeur

OBSERVER

1. Le télétravail se montre très bénéfique pour tout le monde.

2. Les conclusions de votre rapport sont plutôt discutables.

3. J'ai trouvé ce film particulièrement émouvant.

4. Ce projet d'entreprise me semble trop utopique.

5. Les résultats de l'analyse se sont révélés peu satisfaisants.

6. Ils nous ont fait une proposition relativement équitable.

7. En France, le cannabis reste une substance illicite.

8. La décision d'abattre ces arbres leur paraît totalement déplacée.

9. Le nouveau système s'avère moyennement efficace.

10. C'est une hypothèse qui n'est pas du tout prouvée.

COMPRENDRE

1. Associez les adjectifs de sens contraire.

A.	Équitable	1.	Décevant
B.	Satisfaisant	2.	Admis
C.	Utopique	3.	Inéquitable
D.	Discutable	4.	Réalisable
E.	Illicite	5.	Légal
F.	Déplacé	6.	Ridicule
G.	Émouvant	7.	Approprié

2. Associez les verbes aux définitions.

A. Avoir une certaine apparence aux yeux de quelqu'un (2 verbes)
B. Juger quelque chose d'une certaine manière
C. Être en réalité (2 verbes)
D. Manifester une qualité ou un défaut au bout d'un certain temps

1. Paraître
2. Se montrer
3. Se révéler
4. S'avérer
5. Trouver
6. Sembler

3. Dans la section *Observer*, repérez les adverbes et classez-les selon leur degré d'intensité.

A. Forte : *très* (1)

B. Moyenne :

C. Faible ou nulle :

PRATIQUER

4. Remettez les phrases dans l'ordre et rétablissez la ponctuation.

A. ligne - assez - semble - en - jeu - original - ce - me

....

B. affaire - montre - particulièrement - médiatrice - cette - dans - la - se - efficace

....

C. choquants - livre - trouvés - ai - nouveau - je - plutôt - les - dans - son

....

D. extrêmement - nocifs - pesticides - l' - avérés - sont - environnement - ces - se – pour

....

5. Dites le contraire des phrases suivantes.

A. C'est une opinion trop inhabituelle.

....

B. Son intervention s'est révélée absolument inutile.

....

C. J'adore ce film, son scénario est vraiment passionnant !

....

D. Ils ne pouvaient pas refuser une décision aussi légitime.

....

E. Il a été renvoyé, car son comportement a été jugé inadmissible.

....

6. Répondez aux questions en utilisant les adjectifs suivants : *louable - décevant - discutable - émouvant*.

A. Vous avez aimé le film *Intouchables*, je crois ?

....

B. Les résultats de décembre ne sont pas bons, n'est-ce pas ?

....

C. Vous n'avez pas apprécié son aide ?

....

D. Pourquoi ne partagez-vous pas cette opinion ?

....

À VOUS DE JOUER !

7. Êtes-vous pour ou contre l'interdiction de l'alcool dans les lieux publics ? Recherchez des arguments favorables et défavorables, en exprimant des jugements de valeur selon des aspects différents (bien ou mal, bon ou mauvais, etc.)

....

....

....

....

....

....

....

....

....

....

POUR ALLER PLUS LOIN

Haut de gamme : de première catégorie, de très bonne qualité. *C'est un téléphone haut de gamme, malgré son prix raisonnable.*

C'est le monde à l'envers : cela va contre la logique ou la vérité. *Si les producteurs de pesticides se retournaient contre leurs clients, ce serait vraiment le monde à l'envers !*

Cousu de fil blanc : se dit d'une histoire ou d'une explication trop maladroite, dont les intentions sont trop visibles pour tromper quelqu'un. *Le scénario du film est cousu de fil blanc, c'est vraiment impossible d'y croire !*

BOÎTE À OUTILS

Constructions verbales

Avoir l'air, paraître, s'avérer, sembler, se montrer, se révéler, trouver (qqch + adjectif)

Adjectifs

- **Bien :** acceptable, convenable, équitable, juste, légitime, louable, toléré

- **Mal :** arbitraire, choquant, défendu, inadmissible, inéquitable, injuste, méprisable

- **Bon :** approprié, bénéfique, efficace, indispensable, réalisable, remarquable, satisfaisant

- **Mauvais :** décevant, déplacé, inefficace, inutile, médiocre, nocif, utopique

- **Normal :** admis, banal, conforme, courant, légal, ordinaire, prouvé

- **Anormal :** discutable, erroné, exceptionnel, illicite, inhabituel, irrégulier, original

- **Beau :** admirable, délicieux, émouvant, magnifique, passionnant, plaisant, superbe

- **Laid :** affreux, désagréable, détestable, ennuyeux, horrible, insipide, ridicule

Degrés d'intensité de l'adjectif

- **Forte :** absolument, extraordinairement, extrêmement, particulièrement, si, tellement, totalement, très, trop, vraiment

- **Moyenne :** assez, moyennement, plutôt, presque, quelque peu, relativement

- **Faible ou nulle :** à peine, nullement, pas du tout, peu, trop peu, vraiment pas

Exprimer un sentiment

OBSERVER

1. J'ai été très déçu d'apprendre que la bibliothèque municipale allait fermer ses portes.

2. La nouvelle loi sur le travail a suscité la consternation chez les industriels.

3. Les habitants s'inquiètent des fumées que l'usine pourrait rejeter.

4. Les étudiants craignent que les ordinateurs portables soient interdits à l'université.

5. Les étudiants n'ont aucune raison de se montrer pessimistes.

6. Les habitants ressentent une certaine méfiance face au développement du tourisme.

7. Elle est très satisfaite de son nouvel appartement.

8. Cela me choque de voir toute cette nourriture jetée à la poubelle.

9. De nombreux enseignants éprouvent de la colère face à la dégradation des conditions de travail.

10. Il est honteux que tant d'agriculteurs aient du mal à gagner leur vie.

11. Je tiens à vous exprimer mon mécontentement au sujet de la nouvelle réglementation.

COMPRENDRE

1. Dans la section *Observer*, repérez tous les mots et expressions qui servent à exprimer un sentiment, puis classez-les dans les catégories suivantes.

A. Substantifs :

B. Verbes/constructions verbales :

C. Adjectifs :

2. Classez les mots suivants selon qu'ils concernent la cause d'un sentiment (actifs) ou le sujet d'un sentiment (passifs) : *décevant, susciter, satisfait, mécontent, consternant, éprouver, choquer, ressentir, étonnant, déçu, optimiste, s'inquiéter.*

A. Actifs :

B. Passifs : *déçu*

3. Quel mode est le plus souvent utilisé dans les constructions verbales qui expriment un sentiment ?

    A. L'indicatif
    B. Le subjonctif
    C. Le conditionnel
    D. L'impératif

PRATIQUER

4. Associez les 2 parties de chaque phrase.

    A. Il est rassurant
    B. Cela vous choque
    C. La fermeture de l'usine les a rendus
    D. L'interdiction des sacs plastiques suscite
    E. Les victimes de la catastrophe se sentent

    1. vraiment pessimistes pour l'avenir.
    2. rassurées par les promesses d'indemnisation.
    3. beaucoup d'espoir dans les milieux écologistes.
    4. que l'on féminise certaines professions ?
    5. que la protection de l'environnement soit de mieux en mieux acceptée.

5. Reformulez les phrases suivantes d'une manière plus formelle.

A. Les retraités ont peur de la future réforme.

....

B. Les salaires des dirigeants sont multipliés par trois, c'est une honte !

....

C. Ils ont eu beaucoup d'enthousiasme en apprenant la nouvelle.

....

D. La mairie va supprimer les cours de natation à la rentrée, j'en ai bien peur !

....

E. Les élèves sont déçus de quitter leur établissement.

....

6. Pour chaque paire d'éléments, imaginez une phrase exprimant un sentiment.

A. Incendies de forêt / crainte

....

B. Chômage / espoir

....

C. Intelligence artificielle / indifférents

....

D. Frais d'inscription / choquant

....

À VOUS DE JOUER !

7. Quels sentiments ces sujets vous inspirent-ils ? Justifiez votre réponse par un bref développement.

A. La coupe du monde de football

B. La déforestation

C. La suppression du baccalauréat

D. Les taxis volants à Paris

E. L'exploration de la planète Mars

....

....

....

....

....

....

....

....

....

....

POUR ALLER PLUS LOIN

Donner froid dans le dos : causer une peur très vive. *Les prévisions sur le changement climatique donnent vraiment froid dans le dos.*

Laisser de glace : ne provoquer aucune émotion, laisser indifférent. *La destruction d'un monument ne peut laisser personne de glace.*

Tomber des nues : éprouver une vive surprise à l'annonce d'une nouvelle. *Les employés sont tombés des nues en apprenant sa nomination au poste de directeur général.*

BOÎTE À OUTILS

Substantifs

Admiration, angoisse, anxiété, apaisement, colère, consternation, crainte, déception, dépit, désarroi, empathie, enthousiasme, espoir, étonnement, indifférence, inquiétude, mécontentement, méfiance, optimisme, respect, ressentiment, satisfaction, stupéfaction

Adjectifs

Accablé, agacé, anxieux, bouleversé, choqué, consterné, content, déconcerté, déçu, embarrassé, étonné, excédé, gêné, indifférent, indigné, insatisfait, insensible, pessimiste, rassuré, ravi, révolté, satisfait, serein, soulagé, stressé, surpris, terrorisé

Verbes

Contenter, craindre, (s') énerver, éprouver, espérer, (s') inquiéter, redouter, regretter, (se) réjouir, ressentir, susciter, troubler

Constructions verbales

Cela me choque que (+ subjonctif), craindre que (+ subjonctif), il est honteux que (+ subjonctif), rendre (+ adjectif), se sentir (+ adjectif)

Proposer des solutions

OBSERVER

1. Et si nous reprenions depuis le début ?

2. Je voudrais partager quelques recommandations qui m'ont semblé pertinentes.

3. Une baisse des frais de scolarité serait une mesure décisive pour les familles.

4. Je leur conseillerais de réviser la rédaction de leur essai.

5. Il faudrait d'abord que l'école soit moins inégalitaire.

6. Les consommateurs auraient tout intérêt à consommer des produits locaux.

7. En discutant de manière informelle, on trouverait une issue provisoire à la crise.

8. Ce que je vous préconise, c'est de modifier sensiblement le rythme de travail hebdomadaire.

9. Si j'étais à votre place, je renoncerais à des ambitions qui vous rendent malheureux.

10. Je vous incite à lire attentivement les conditions d'utilisation de ce forum.

COMPRENDRE

1. Dans la section *Observer*, repérez les mots et expressions qui servent à proposer une solution, puis classez-les dans les catégories suivantes.

A. Substantifs :

B. Verbes :

C. Constructions verbales :

D. Adjectifs (pouvant qualifier une solution) :

2. Quel mode verbal est le plus couramment utilisé pour proposer une solution ?

    A. L'indicatif
    B. Le subjonctif
    C. Le conditionnel
    D. L'infinitif

3. Associez ces adjectifs pouvant qualifier une solution avec leur définition.

A. Partielle
B. Pertinente
C. Provisoire
D. Consensuelle
E. Concrète
F. Décisive

1. Qui est parfaitement adaptée au problème.
2. Qui peut être acceptée par tout le monde.
3. Qui peut résoudre un problème en partie seulement.
4. Qui résout un problème de manière certaine et définitive.
5. Qui a des effets réels et immédiatement visibles.
6. Qui n'existe que pour une durée limitée.

4. Associez chacun des verbes avec sa bonne construction.

A. Et si +
B. Si j'étais à votre place, je +
C. Je préconise +
D. Il faudrait que +
E. Pourquoi ne pas +
F. J'incite +

1. Verbe au subjonctif
2. Quelqu'un à faire quelque chose
3. Verbe à l'imparfait
4. Verbe au conditionnel présent
5. À quelqu'un de faire quelque chose
6. Verbe à l'infinitif

PRATIQUER

5. Complétez les phrases avec les mots suivants : *déconseillerais, radicale, préférable, encourage, efficace, préconisation.*

A. Ma première .... serait d'apprendre aux étudiants à travailler en réseau.

B. Avec cette canicule, il serait .... de reporter les examens à la semaine prochaine.

C. Je vous .... à participer au club des francophones de votre ville.

D. Une réduction de la pollution de l'air constituerait une mesure ....
de santé publique.

E. Je leur .... de viser une université parisienne dès la première année
de licence.

F. Bien que cette mesure soit ...., elle serait acceptée assez facilement.

6. Remettez ces phrases dans l'ordre et rétablissez la ponctuation.

A. touristes - trop - de - les - recommanderais - pollués - je - aux - boycotter - sites

....

B. les - Internet - j' - consulter - lecteurs - incite - le - suppléments - sur - à - les - site

....

C. essayer - moins - sont - devriez - ils - beaucoup - livres - vous - chers - les - électroniques - car

....

D. je - leur - commencerais - si - électriques - interdire - par - à - j' - trottinettes - place - étais - les

....

E. des - les - emplois - choisissent - mieux – vaudrait - jeunes - robots - qui - il - occupés - être - pourront - que - pas - des - par – ne

....

7. Rédigez les solutions à partir des informations indiquées.

A. Cours au collège / commencer une heure plus tard

....

B. Télétravail / 50% du temps

....

C. Vacances d'été / plus courtes

....

D. Salaires / égalité hommes-femmes

....

À VOUS DE JOUER !

8. Quelles solutions proposeriez-vous dans les situations suivantes ?

A. Un ami voudrait arrêter de fumer.

B. La pollution sonore dans votre ville.

C. La surpopulation dans les universités.

D. L'invasion des océans par le plastique.

....

....

....

....

....

POUR ALLER PLUS LOIN

Ne pas lésiner sur les moyens : faire tout ce qui est nécessaire pour arriver au but, pour régler un problème. *Pour le succès du festival, il vaudrait mieux ne pas lésiner sur les moyens et embaucher 200 agents supplémentaires.*

Une solution de rechange : deuxième solution prévue au cas où la première ne fonctionnerait pas. *L'interdiction des ordinateurs étant impossible à faire respecter, il faudra opter pour une solution de rechange.*

Prendre le mal à la racine : s'attaquer directement à la cause d'un problème pour qu'il ne survienne plus. *Face au piratage, il faudrait prendre le mal à la racine en s'attaquant directement aux sites de téléchargement.*

BOÎTE À OUTILS

Substantifs

Conseil, dissuasion, incitation, issue, mesure, préconisation, recommandation, solution, suggestion

Adjectifs (qualifiant une solution)

Concret, consensuel, décisif, définitif, déterminant, draconien, durable, efficace, élégant, envisageable, idéal, partiel, pérenne, pertinent, pratique, profitable, provisoire, radical, séduisant, significatif, symbolique

Verbes

Conseiller, déconseiller, dissuader, encourager, engager, exhorter, inciter, préconiser, proposer, recommander, suggérer

Constructions verbales

Avoir tout intérêt à (+ infinitif)

Et si (+ indicatif imparfait) ?

Il faudrait (+ infinitif/que + subjonctif)

Il vaudrait mieux (+ infinitif/que + subjonctif)

Il serait intéressant (de + infinitif/que + subjonctif)

Il suffirait de (+ infinitif/que + subjonctif)

Pourquoi ne pas (+ infinitif) ?

Si j'étais à votre place, (+ conditionnel présent)

Vous pourriez/devriez (+ infinitif)

Les mots pour débattre

Rapporter un point de vue

OBSERVER

1. Selon le ministre, c'est la meilleure solution pour l'environnement.

2. Comme l'explique l'auteur de l'essai, la journée sans viande n'a pas obtenu le succès espéré.

3. D'après Maupassant, le romancier doit, je cite, « manipuler les évènements à son gré. »

4. J'ai lu un article bizarre dans lequel l'auteur soutient que la terre est plate !

5. « La cigarette électronique peut être plus nocive pour la santé qu'on ne le croit », a-t-il averti.

6. Le directeur prétend que son usine ne pollue pas, malgré toutes les fumées qu'elle dégage.

7. Le professeur a insisté sur le fait que le règlement du problème exigeait la participation de tous.

8. L'expert a fait remarquer que cette catastrophe avait déjà été annoncée en 2010.

9. Si l'on en croit l'auteure de l'enquête, ces mesures surviennent beaucoup trop tard.

10. Le chef d'équipe a insinué que c'était moi le responsable de cet échec !

COMPRENDRE

1. Dans la section *Observer*, repérez les mots et expressions qui servent à rapporter un point de vue, puis classez-les dans les catégories suivantes. *En ce qui concerne les verbes, essayez de distinguer ceux qui sont neutres et ceux qui expriment un jugement négatif sur le point de vue ou son auteur.*

A. Verbes neutres :

B. Verbes avec jugement :

C. Connecteurs :

2. Associez les verbes à leur définition.

A. Affirmer
B. Confier
C. Prétendre
D. Insister
E. Déclarer
F. Faire remarquer
G. Avertir
H. Soutenir
I. Reconnaître
J. Insinuer

1. Annoncer une information dans un contexte officiel.
2. Accepter comme vrai un fait ou une opinion.
3. Présenter avec force un fait comme vrai.
4. Mettre l'accent sur une opinion que l'on considère comme importante.
5. Informer d'un danger probable avant qu'il ne survienne.
6. Laisser comprendre quelque chose sans l'exprimer directement.
7. Communiquer une opinion intime, que l'on ne peut pas dire à tout le monde.
8. Affirmer avec assurance un fait contestable, difficile à croire.
9. Attirer l'attention sur quelque chose.
10. Défendre un point de vue malgré les preuves du contraire.

3. Associez les verbes avec les constructions correctes (plusieurs associations possibles).

A. Il a affirmé +
B. Il insiste +
C. Il s'étonne +
D. « C'est moi le responsable » +
E. Il fait remarquer +
F. Il prétend +

1. verbe à l'infinitif (présent ou passé)
2. sur le fait que + verbe à l'indicatif
3. que + verbe à l'indicatif imparfait
4. que + verbe au subjonctif présent
5. a-t-il reconnu.
6. que + verbe à l'indicatif présent

PRATIQUER

4. Complétez les phrases avec les verbes suivants correctement conjugués : *reconnaître, se plaindre, avertir, prétendre, se moquer.*

A. Il .... que la crise pourrait survenir à n'importe quel moment.

B. Elle .... du fait que des stars voulaient instaurer une journée sans viande.

C. « C'est nous qui nous sommes trompés dans nos prévisions », ...

D. Ces deux hommes .... avoir fabriqué une machine à remonter le temps.

E. Les employés .... que la langue de travail soit désormais l'anglais.

5. Associez les deux parties de chaque phrase.

   A. Le ministre a souligné
   B. Les habitants font valoir
   C. Malgré les preuves, l'entreprise nie
   D. Les retraités craignent
   E. Le président a déclaré, je cite,
   F. Osez-vous soutenir

   1. avoir bénéficié des aides de l'État.
   2. que les adultes peu qualifiés étaient plus exposés au chômage.
   3. que c'est un honnête homme ?
   4. le fait qu'un nouveau tramway augmentera la pollution sonore.
   5. que ces réformes ne soient appliquées trop tard.
   6. que « toutes les mesures avaient été prises pour éviter un nouvel accident. »

6. Rapportez chaque discours en utilisant le verbe introducteur qui convient.

A. « Je mettrai tout en œuvre avec mon gouvernement pour réduire la dette publique. »

....

B. « Je ne comprends pas pourquoi la mairie n'interdit pas les voitures au centre-ville. »

....

C. « Tous les magasins ouvriront le dimanche, j'en ai bien peur ! »

....

D. « Le télétravail ne présente que des avantages, croyez-moi ! »

....

E. « Je vous accorde que la transition énergétique aura un coût pour les familles. »

....

F. « Le règlement m'interdit de répondre à vos questions. »

....

À VOUS DE JOUER !

7. Imaginez un point de vue à partir des éléments fournis, puis rédigez une phrase pour rapporter ce point de vue.

A. Les supermarchés / les sacs plastiques

B. Les Français / le français

C. Les étudiants / les vacances universitaires

D. Hommes / femmes

....

....

....

....

....

....

....

....

....

....

POUR ALLER PLUS LOIN

Se laisser dire que : avoir entendu dire quelque chose dont on n'est pas certain. *Je me suis laissé dire que les panneaux solaires ne permettaient pas vraiment de faire des économies d'énergie.*

Noir sur blanc : très exactement, mot à mot. *Relisez le contrat si vous ne me croyez pas, c'est écrit noir sur blanc.*

Paroles d'évangile : vérités incontestables. *Les déclarations dans ce livre ne sont pas des paroles d'évangile et il est conseillé de les vérifier.*

BOÎTE À OUTILS

Voir également la section **Exprimer un point de vue.**

Verbes neutres

Admettre, ajouter, avertir, citer, confier, confirmer, déclarer, démontrer, déplorer, dire, estimer, s'étonner (+ subjonctif), expliquer, faire remarquer, faire valoir le fait que, insister, invoquer, se moquer (du fait que), objecter, penser, se plaindre (+ subjonctif), préciser, prévenir, promettre, protester, réclamer, reconnaître, souligner

Verbes avec jugement

Affirmer, assurer, certifier, insinuer, nier, prétendre, prétexter, soutenir, vouloir faire croire

Connecteurs

À en croire, comme le dit, d'après, de son point de vue, selon, si l'on en croit

Exprimer un accord ou un désaccord

OBSERVER

1. Je suis absolument du même avis que vous.

2. Admettons que les téléphones empêchent les membres d'une famille de se parler.

3. Effectivement, c'est un aspect à ne pas négliger.

4. Il est tout à fait faux de dire que les jeunes ne lisent plus.

5. C'est en partie exact. Une enquête récente obtient des résultats assez différents.

6. Bien entendu, je suis favorable à l'interdiction des voitures en centre-ville.

7. Cela dépend, on pourrait réduire les coûts en faisant appel à des bénévoles.

8. Je suis fermement opposé à la peine de mort.

9. Ce projet ferait certainement l'unanimité dans le personnel.

10. Je tiens à manifester ma désapprobation concernant le projet éolien dans notre ville.

COMPRENDRE

1. Dans la section *Observer*, repérez les mots et expressions qui servent à exprimer un accord ou un désaccord.

A. Accord :

B. Désaccord :

2. Associez chaque substantif à sa définition.

   A. Désapprobation
   B. Unanimité
   C. Antagonisme
   D. Adhésion
   E. Consensus

   1. Fait de trouver mauvais un projet ou une action.
   2. Accord de plusieurs personnes sur un sujet particulier.
   3. Vive opposition entre des personnes sur un sujet particulier.
   4. Fait que tous les membres d'un groupe aient la même opinion.
   5. Acceptation totale d'une idée ou d'une opinion.

3. Dans la section *Observer*, repérez les adverbes qui servent à renforcer un accord ou un désaccord. En connaissez-vous d'autres ?

....

....

....

PRATIQUER

4. Complétez les phrases avec les mots et expressions suivants : *favorables, dépendre, divergence, tort, effectivement, avis.*

A. Je ne partage pas du tout votre .... sur les réseaux sociaux.

B. Vous avez .... de faire confiance aux technologies.

C. Ce serait .... une excellente mesure contre le chômage.

D. Cela va .... de nombreux facteurs, comme le niveau d'équipement.

E. On peut constater une certaine .... entre les salariés de l'entreprise.

F. La majorité des habitants se montrent .... à la construction d'un stade.

5. Remettez les phrases dans l'ordre.

A. sommes - d' - point - fait - ce - accord - nous - à - tout - sur

....

B. erreur - problème - grave - aborder - serait - le - une - de - ce - pas - ne

....

C. obligation - matières - vous - utiliser - l' - je - sur - d' - rejoins - des - recyclables

....

D. pourquoi - ne - faudrait - il - je - uniforme - l' - l' - vois - imposer - pas - à - école

....

E. exact - sécurité - relatif - lieux - votre - partie - argument - les - dans - en - publics - la - est – à

....

6. Reformulez les phrases suivantes d'une manière plus formelle.

A. Si vous voulez interdire les téléphones au bureau, alors là je suis entièrement d'accord !

....

B. Certains habitants sont contre la construction d'une nouvelle autoroute.

....

C. Pour ce qui est de l'ouverture des magasins le dimanche, je pense vraiment comme vous.

....

D. Je suis totalement contre l'installation d'une nouvelle zone commerciale.

....

E. Quand vous dites que les jeux vidéo rendent violent, ce n'est pas vrai du tout !

....

À VOUS DE JOUER !

7. Exprimez votre accord ou votre désaccord sur les sujets suivants et justifiez votre réponse.

A. Il faut rendre les aliments bio obligatoires dans les cantines scolaires.

B. L'amitié disparaît avec les réseaux sociaux.

C. Dans une famille, le partage des tâches ménagères est impossible.

D. Le changement climatique est un énorme mensonge.

....

....

....

....

....

....

....

POUR ALLER PLUS LOIN

Abonder dans un sens : accepter totalement, sans réserve, l'opinion de quelqu'un. *Si vous pensez qu'il faut réformer l'orthographe, alors j'abonde dans votre sens.*

Suivre sur ce plan : être d'accord à propos de quelque chose. *Je ne vous suis pas sur ce plan : je pense au contraire qu'il est possible de changer les mentalités.*

Trouver un terrain d'entente : trouver une base sur laquelle un accord est possible. *Les loisirs sont souvent source de conflit avec les enfants et il n'est pas facile de trouver un terrain d'entente.*

BOÎTE À OUTILS

Substantifs

- **Accord :** adhésion, approbation, compromis, consensus, consentement, entente, unanimité

- **Désaccord :** antagonisme, contestation, désapprobation, dissension, divergence, mésentente, opposition

Expressions de l'accord

Je suis pour...

Je suis d'accord avec vous.

Je suis du même avis.

Vous avez raison.

Je vous rejoins sur ce point.

Je suis favorable à...

Je le pense également.

Je partage votre point de vue.

C'est juste/vrai/exact.

Admettons que + subjonctif

Expressions du désaccord

Cela dépend.

C'est en partie juste/vrai/exact.

Je suis contre...

Je ne suis pas du tout de cet avis.

Vous avez tort.

Je ne vois pas pourquoi...

Je suis fermement opposé à...

Je ne trouve pas que + subjonctif

Il est faux de dire que...

Ce serait une erreur de + infinitif

Adverbes

Absolument, bien entendu, certainement, effectivement, exactement, parfaitement, pas vraiment, sans réserve, totalement, tout à fait

Exprimer une concession/opposition

OBSERVER

1. Malgré les mesures prises pour encourager les commerces, le centre-ville reste désert.

2. L'administration avait promis d'aider les apiculteurs, néanmoins elle n'a rien fait.

3. Je vous concède que les panneaux solaires sont encore peu rentables.

4. Le principe de l'égalité est inscrit dans la constitution. Il n'en reste pas moins que les femmes ne sont pas parvenues à l'égalité avec les hommes.

5. Ces solutions, si efficaces qu'elles soient, ne pourront jamais régler le problème des embouteillages.

6. Les progrès dans la lutte contre le cancer sont indéniables. Cependant, il reste beaucoup à faire.

7. Au lieu de construire des parkings, ils devraient planter des arbres dans les rues.

8. Je n'ignore pas les difficultés que représente l'organisation d'un festival de théâtre.

9. S'il est vrai que les prix ont baissé ces dernières années, il n'en demeure pas moins que les vacances coûtent cher.

10. Bien que les jeunes la réclament depuis deux ans, la mairie ne veut pas construire la salle de sport.

COMPRENDRE

1. Dans la section *Observer*, repérez les mots et expressions qui servent à introduire une concession ou une opposition.

A. Concession :

B. Opposition :

2. Revenons à la phrase 1 de la section *Observer* : *Malgré les mesures pour encourager les commerces, le centre-ville reste désert*. Quel fait est mis en valeur dans cette phrase ?

    A. Le premier fait : les mesures pour encourager les commerces.
    B. Le deuxième fait : le centre-ville reste désert.
    C. Ni l'un ni l'autre : les deux faits sont présentés à égalité.

3. Cochez les affirmations qui sont exactes.

    A. La concession consiste à admettre un fait ou un argument.
    B. Une concession est généralement suivie d'une opposition.
    C. Une concession souligne qu'une conséquence attendue est réalisée.
    D. Toutes ces affirmations sont exactes.

PRATIQUER

4. Associez les deux parties de chaque phrase.

    A. Même si le braconnage est en nette diminution,
    B. De nouvelles taxes apparaissent,
    C. Le cannabis reste très populaire,
    D. La fête de la musique a rassemblé de nombreuses personnes
    E. Le gouvernement a augmenté les frais d'inscription à l'université,
    F. Les téléphones sont interdits à l'école,

    1. néanmoins il a promis plus de bourses.
    2. en dépit de la canicule.
    3. alors que le pouvoir d'achat diminue.
    4. les éléphants sont toujours menacés de disparaître.
    5. bien que sa consommation soit interdite.
    6. toutefois ils sont tolérés en cours de récréation.

5. Complétez les phrases avec les mots et expressions suivants : *quoique, certes, s'il est vrai que, en revanche, il faut bien reconnaître que, il n'en demeure pas moins que.*

A. .... le tourisme est indispensable pour le développement du pays.

B. .... le jeu vidéo a des vertus pédagogiques, ... son utilisation en classe est problématique.

C. .... les avantages du télétravail soient reconnus, il fait encore peur à de nombreux salariés.

D. ...., les ventes de vélos électriques ont beaucoup progressé ces dernières années.

E. Les fausses informations intéressent peu les internautes, ... elles préoccupent les autorités.

6. Reliez les deux phrases en une seule, en utilisant un connecteur de concession ou d'opposition.

A. Les achats en ligne sont sécurisés. Les internautes ont encore peur de ce mode de consommation.

....

B. La mairie va abattre les arbres de la place. Les habitants protestent.

....

C. La voiture électrique est idéale sur les petits trajets. Elle n'est pas adaptée aux départs en vacances.

....

D. Des mesures doivent être prises pour réduire la pollution atmosphérique. Ces mesures sont impopulaires.

....

E. Les applications de langues rencontrent beaucoup de succès. Ces applications ne tiennent pas toutes leurs promesses.

....

À VOUS DE JOUER !

7. Continuez les phrases suivantes en utilisant des mots et expressions de la concession/opposition. Trouvez le maximum de solutions en temps limité (2 minutes par phrase par exemple).

A. Peu de salariés demandent un congé paternité,

....

....

....

B. De nombreux appareils électroniques sont jetés à la poubelle,

....

....

....

C. Le véganisme rencontre beaucoup de succès en Europe,

....

....

....

D. Nos meilleurs amis peuvent parfois nous énerver,

....

....

....

POUR ALLER PLUS LOIN

Avoir beau faire : faire de nombreux efforts sans résultat. *Des associations ont beau prévenir sur les dangers des conservateurs, on continue à en consommer.*

Faire la part des choses : tenir compte du contexte et des difficultés, accepter que tout ne soit pas parfait. *Concernant l'énergie nucléaire, il faut savoir faire la part des choses, car elle a permis de satisfaire des besoins en augmentation constante.*

À la rigueur : à la limite de l'acceptable, dans un cas de nécessité. *Cela me semble difficile d'interdire les voitures en ville ou alors, à la rigueur, celles qui sont vraiment trop vieilles.*

BOÎTE À OUTILS

Verbes

Accorder, admettre, avouer, concéder, contester, convenir, s'opposer, reconnaître, réfuter

Constructions verbales

Je vous concède que...

Il faut bien reconnaître que...

On peut admettre que...

Je n'ignore pas que...

Je ne nie pas...

S'il est vrai que... il n'en demeure pas moins que...

Cela n'empêche pas que...

Il n'en reste pas moins que...

Connecteurs de concession

Alors que, bien que, certes, en dépit de, malgré, même si, quel que soit, quoique (+ subjonctif), si + adjectif + que (+ subjonctif), si + indicatif

Connecteurs d'opposition

Alors que, au contraire, au lieu de, cependant, en revanche, mais, néanmoins, pourtant, tandis que, toutefois

Corrigés

Introduire et conclure

Exercice 1

A. 3 et 6 ; B. 1 et 8 ; C. 2 et 9 ; D.4 et 5 ; E. 7 et 10

Exercice 2

L'ordre correct est D, A, C et B.

Exercice 3

A, B et D.

En effet sert à introduire une explication.

Exercice 4

Plusieurs réponses possibles. Voici une proposition de corrigés :

A. De nos jours, on parle beaucoup de l'addiction des enfants au téléphone portable.

B. Certains affirment qu'il est désormais plus facile de vivre à la campagne qu'en ville.

C. Ce qui nous préoccupe ici, c'est la concurrence de l'homme et du robot au travail.

Exercice 5

Dans un article portant sur l'énergie nucléaire, l'auteur affirme qu'il faudrait la supprimer dans un délai rapide. Nous montrerons d'une part que le nucléaire est moins polluant et moins cher que d'autres sources d'énergie. Mais d'autre part, j'exposerai ses dangers pour la santé ainsi que le problème du stockage des déchets dans l'environnement.

Exercice 6

En guise de conclusion, le nucléaire ne pourrait être une solution d'avenir. Certes, comme je l'ai montré dans un premier temps, il ne manque pas d'avantages puisqu'il est moins polluant et moins que cher que d'autres énergies comme le pétrole. En revanche, je crois avoir suffisamment prouvé que le nucléaire est non seulement dangereux pour la santé, mais aussi pour les environnements qui doivent accueillir les déchets. Tout bien considéré, la sortie du nucléaire sera peut-être difficile, mais c'est un mal nécessaire.

Exercice 7

Réponses libres. Voici une proposition de corrigés :

Introduction : Certains parents affirment que le port de l'uniforme à l'école améliorerait les relations entre les enfants. Faut-il toutefois le rendre obligatoire ? En premier lieu, nous verrons que l'uniforme peut donner le sentiment d'appartenir à une école et donc inciter l'élève à respecter l'établissement. Je tenterai de montrer dans un second temps que l'uniforme n'empêche pas les inégalités sociales. Je développerai en dernier lieu l'idée qu'il constitue une négation de l'identité de l'enfant.

Conclusion : En définitive, l'uniforme à l'école a de quoi séduire les parents et les professionnels de l'éducation. Nous avons vu en effet qu'il pouvait améliorer le climat dans l'établissement. En revanche, nous avons démontré dans un deuxième temps son impuissance à diminuer les inégalités sociales. J'ai terminé en formulant une objection plus grave : imposer l'uniforme reviendrait à nier l'identité de l'enfant. En fin de compte, une mesure aussi peu bénéfique pour les élèves devrait être abandonnée.

Marquer des transitions

Exercice 1

De même que l'annonce du plan, les phrases de transition aident le destinataire (l'auditeur ou le lecteur) à se repérer dans une argumentation, à savoir à quelle étape se situe un développement. Cela facilite grandement la compréhension.

Exercice 2

Elles sont plus utiles, et même indispensables, à l'oral. En effet, il est plus difficile à l'oral de se souvenir des différentes parties, car les capacités de mémoire d'un auditeur sont limitées. En revanche, elles seront utiles dans le cas d'une argumentation écrite, mais en moins grande quantité, car le lecteur a la possibilité de revenir en arrière, de relire les passages qu'il a oubliés.

Exercice 3

A. 2 et 7 ; B. 3 et 4 ; C. 1 et 6 ; D. 5 et 8

Exercice 4

A. avantages ; B. aspect ; C. arrière ; D. atouts ; E. remarque

Exercice 5

A. Cela nous amène à considérer les inconvénients.

B. Je souhaiterais ouvrir une parenthèse.

C. J'évoquais précédemment le gaspillage alimentaire.

D. Je ne m'étendrai pas sur cette question.

Exercice 6

A. précédemment ; B. passerai ; C. à présent (maintenant) D. parenthèse ; E. amène ; F. anticiper

Exercice 7

Réponses libres. Voici une proposition de corrigés :

A. Après avoir considéré les avantages éducatifs du jeu vidéo, abordons maintenant ses inconvénients sur le plan sanitaire.

B. Je précise en passant que l'addiction ne concerne que 0.3% des joueurs.

C. Je viens de montrer que le jeu vidéo développe des réflexes et je souhaiterais poursuivre avec un autre avantage : il permet de ralentir le vieillissement.

Donner des exemples

Exercice 1

A. cas (2), précédent (3), anecdote (7)

B. Par exemple (1 et 2), Ainsi (4), notamment (6)

C. illustrerai (7), montre (8)

D. telle (5)

E. Tel est le cas par exemple (2), J'illustrerai ce point par (7), comme en témoigne (9)

Exercice 2

A. preuve ; B. confirmer ; C. anecdote ; D. témoigner ; E. illustrer ; F. précédent

Exercice 3

Réponse B

Exercice 4

A.4 ; B.1 ; C.2 ; D.3

Exercice 5

A. Ce dispositif permet notamment de réduire la consommation.

B. Prenons par exemple le cas des ordinateurs portables en classe.

C. De nombreux pays, comme la France, augmentent régulièrement le prix du tabac.

D. Comme le montre cet article, il faudrait supprimer les notes à l'école. (Il faudrait supprimer les notes à l'école, comme le montre cet article.)

Exercice 6

A. Ainsi (Par exemple) ; B. illustrer / anecdote ; C. cas notamment ; D. comme en ; E. en particulier (par exemple, notamment)

Exercice 7

Réponses libres. Voici une proposition de corrigés :

A. Par exemple, de nombreuses lettres s'écrivent, alors qu'elles ne se prononcent pas.

B. C'est le cas notamment du pluriel de *cent(s)*.

C. Certains accords sont difficiles à comprendre, en particulier pour le participe passé.

Relier les arguments

Exercice 1

A. en premier lieu (6)

B. par ailleurs (5), quant à (8), d'autre part (10)

C. Enfin (1)

D. En fait (4), En effet (9)

E. D'ailleurs (2), Non seulement... mais encore (7)

F. Soit... soit (3)

Exercice 2

A.2 ; B.4 ; C.1 ; D.3

Exercice 3

Ils ne sont pas synonymes. Avec *en effet* on développe et justifie l'idée exprimée dans la phrase précédente. *En fait* introduit une modification ou une correction de l'idée précédente, qui est considérée comme inexacte.

Exercice 4

A.4 ; B.1 ; C.2 ; D.5 ; E.3

Exercice 5

Réponses libres. Voici une proposition de corrigés :

A. ... mais encore ils nous empêchent de développer de vraies amitiés.

B. ... c'est une solution reconnue contre le stress.

C. ... chaque pays est libre de bloquer les sites qui le dérangent.

D. En interdisant le téléphone en classe, d'un côté on favorise la concentration, de l'autre on se prive d'un outil extraordinaire pour apprendre.

Exercice 6

Tout d'abord (En premier lieu...), l'élevage cause de nombreuses souffrances aux animaux. **En effet (De fait, Effectivement)**, ils sont souvent entassés dans des espaces très réduits. **Par ailleurs (En outre, De plus, Ensuite...)**, l'élevage intensif pose de graves problèmes pour l'environnement. **Non seulement** il pollue les sols, **mais encore** il conduit à la déforestation. **Enfin (En dernier lieu, Pour terminer)**, tout le monde peut adopter un régime végétarien. Les médias évoquent souvent ses dangers, mais **en fait (en réalité)**, une alimentation sans protéines animales, bien équilibrée, est bonne pour la santé. **D'ailleurs (De surcroît, D'autant plus que, Qui plus est...)**, de nombreux spécialistes ont démontré les méfaits de la viande sur l'organisme.

Exercice 7

Réponses libres. Voici une proposition de corrigés :

En premier lieu, on peut s'interroger sur la pertinence d'une journée supplémentaire. De fait, on ne compte plus les journées sans tabac, sans voiture, sans viande... D'autant plus que le calendrier n'a que 365 jours ! En deuxième lieu, Internet est devenu indispensable dans notre vie. Il facilite les tâches du quotidien, comme les courses ou les réservations. En ce qui concerne le travail ou les études, il constitue une mine d'informations inépuisable. En dernier lieu, ce média joue un rôle social important. On l'accuse d'isoler les utilisateurs. En fait, il est un moyen parmi d'autres de créer du lien.

Donner des chiffres

Exercice 1

A. dépasser ; B. approcher ; C. avoisiner ; D. gagner ; E. recenser ; F. représenter

Exercice 2

A. 65% ; B. 33% ; C. 49,7% ; D. 95% ; E. 6%

Exercice 3

A : excessif, énorme, considérable

B : dérisoire, modique, ridicule

Exercice 4

A. compte ; B. dépasser ; C. représentent ; D. estimer ; E. s'élève

Exercice 5

A : Son salaire dépasse les 3000 euros par mois.

B : Une petite majorité des habitants est pour la fermeture des frontières.

C : Dans ma ville, le taux de chômage avoisine les 30%.

D : Le montant de cette aide est dérisoire.

Exercice 6

Plusieurs réponses possibles. Voici une proposition de corrigés :

A. sont estimées à ; B. gagnait / ridicule ; C. proportion / environ ; D. la plupart des (attention, *la majorité* est généralement suivie d'un verbe au singulier) ; E. exactement ; F. représentent ; G. nombre / s'élève

Exercice 7

Réponses libres.

Montrer l'évolution

Exercice 1

A. stagner (10)

B. se transformer (3), bouleversement (6)

C. se répandre (2), hausse (7)

D. réduction (4), se raréfier (5)

E. améliorer (1), renforcer (9)

F. se dégrader (8)

Exercice 2

A.3 ; B.4 ; C.1 ; D.6 ; E.5 ; F.2

Exercice 3

A. a ralenti ; B. ont augmenté ; C. s'est répandue ; D. réduire ; E. se raréfient ; F. se sont multipliées

Exercice 4

A. Les symptômes de sa maladie *empire*nt (s'aggravent) depuis 2 mois.

B. Cette idée se trouve *fragilisée* par les événements récents.

C. Dans son troisième livre, le style de l'auteur *s'est dégradé*.

D. On assiste à *un perfectionnement* (une amélioration) des méthodes d'enseignement.

E. Nombreux sont ceux qui réclament *la réforme* (la suppression) de cette loi.

Exercice 5

Plusieurs réponses possibles. Voici une proposition de corrigés :

A. Le prix de l'essence a augmenté de 20%.

B. En 20 ans, les espaces verts se sont raréfiés (ont quasiment disparu).

C. La qualité de l'air s'améliore progressivement (la qualité de l'air connaît une amélioration progressive.)

D. Le nombre d'habitants à Paris reste stable. (La population parisienne stagne.)

E. La santé de Paul se dégrade rapidement (la santé de Paul s'est brutalement dégradée).

Exercice 6

Réponses libres.

Expliquer les causes et les conséquences

Exercice 1

A : sous prétexte que (2), s'explique par (5), faute de (8), l'origine (9)

B : est responsable des (1), permet de (3), affecte (4), c'est pourquoi (6), impact (7), favorise (10)

Exercice 2

A. permettre, favoriser

B. affecter, être responsable de, provoquer

C. rendre, entraîner

Exercice 3

A.3 ; B.4 ; C.2 ; D.6 ; E.5 ; F.1

Exercice 4

A.7 ; B.2 ; C.1 ; D.5 ; E.6 ; F.8 ; G.3 ; H.4

Exercice 5

A. Les examens ne sont pas assez contrôlés, par conséquent de nombreux candidats trichent.

B. La construction du parking est tellement bruyante que les habitants commencent à partir.

C. Il a trouvé un travail loin de chez lui, si bien qu'il doit déménager.

D. À force de répéter la même chose, il n'est plus écouté.

E. En raison de chutes de neige, les trains sont annulés.

F. Étant donné que ce parc est protégé, il est interdit d'y camper.

Exercice 6

A. car (étant donné qu') ; B. l'origine ; C. incidence (effet) ; D. puisque ; E. a provoqué (est responsable de) ; F. c'est pourquoi (par conséquent)

Exercice 7

Réponses libres. Voici une proposition de corrigés :

A. Comme le stress était très répandu chez les étudiants, l'université a décidé d'ouvrir une salle de jeux vidéo.

B. Étant donné que les sacs plastiques polluent les océans, les supermarchés ont décidé de ne plus en distribuer. Par conséquent, les clients ont acheté des robots pour porter leurs courses. En raison des nombreux accidents qu'ils occasionnent avec les piétons, les hôpitaux sont débordés.

C. Son travail dans l'énergie nucléaire lui prenait tellement de temps qu'il a fini par démissionner. Il voulait consacrer plus de temps à sa famille, c'est pourquoi il a choisi de collaborer avec une maison d'édition en télétravail. Mais comme il était mauvais en orthographe, il s'est mis sérieusement à la lecture. Il y a pris goût et à force de lire toute la journée, il a poussé sa femme à divorcer.

Exprimer une certitude ou une incertitude

Exercice 1

A : sans aucun doute (1), certainement (3), je suis persuadé que (4), indéniable (6), il me semble évident que (7)

B : le doute (2), sans doute (5), pourrait (8), éventuellement (9), il est peu probable que (10)

Exercice 2

C et D

Exercice 3

A.4 ; B.1 ; C.2 ; D.3

Exercice 4

A. doute ; B. probable ; C. devrait ; D. perplexe ; E. incontestablement ; F. convaincu

Exercice 5

A. Ils décideront très probablement la semaine prochaine.

B. La reprise des négociations entre les deux parties reste hypothétique.

C. Il se pourrait que mon frère change de travail dans un an.

D. Il serait étonnant qu'il neige en plein mois de juillet.

E. Cette excellente décision permettra de toute évidence d'améliorer la circulation en ville.

Exercice 6

Plusieurs réponses possibles. Voici une proposition de corrigés :

A. Il va de soi que les employés doivent demander une augmentation.

B. Ils ne pensent pas que les taxes puissent diminuer.

C. Je reste persuadé qu'une victoire à la coupe du monde est impossible.

D. L'interdiction des trottinettes en centre-ville reste incertaine.

E. Il serait très étonnant que la mairie accepte la construction de la médiathèque.

Exercice 7

Réponses libres. Voici une proposition de corrigés :

A. Ma réussite au prochain examen du DELF B2 est assurée grâce à ce livre !

B. Dans 20 ans, en raison du changement climatique, on pourra certainement produire du bon vin dans le nord de la France.

C. Grâce aux réseaux sociaux, les gens peuvent éventuellement rencontrer l'amour de leur vie.

D. Si on interdit les téléphones portables dans tous les lieux publics, il va de soi que je quitterai le pays.

E. Si le nombre de divorces diminue, c'est vraisemblablement parce qu'on se marie moins !

Exprimer un point de vue

Exercice 1

A : opinion (2), manière de voir (4), thèse (7)

B : selon moi (3), de mon point de vue (6), pour ma part (10)

C : je pense que (1), je n'ai pas l'impression que (5), je suis d'avis que (8), comment voyez-vous les choses ? (9), je ne crois pas que (10)

Exercice 2

Non. À la forme affirmative, un verbe d'opinion peut être suivi de l'indicatif (exemple 1) ou du conditionnel (exemple 8). En revanche, à la forme négative, il est suivi du subjonctif : « Je ne crois pas que ce **soit** un problème de financement. »

Exercice 3

A. Je ne pense pas que ; B. contre ; C. vision des choses ; D. Pour ma part ; E. je dirais que ; F. sens

Exercice 4

A. Je n'en ai aucune idée.

B. En ce qui me concerne, je suis pour une réforme du chômage.

C. J'estime que la gourmandise est une qualité dans la vie.

D. Je ne trouve pas que l'interdiction des téléphones à l'école soit appropriée.

Exercice 5

Plusieurs réponses possibles. Voici une proposition de corrigés :

A. Quel est votre avis sur la réforme du baccalauréat ?

B. Je ne partage pas votre vision des choses.

C. Je suis contre la suppression des notes à l'école.

D. Selon moi, les inégalités commencent très tôt à l'école.

E. Pour ma part, je n'ai pas l'impression que les enfants lisent moins aujourd'hui.

Exercice 6

Réponses libres. Voici une proposition de corrigés :

A. Je n'ai pas l'impression que la cigarette électronique aide à arrêter de fumer. En effet, elle contient de la nicotine et c'est justement l'addiction à cette substance qui pose problème.

B. À mon sens, la simplification de l'orthographe permettrait de libérer du temps pour acquérir des compétences plus importantes. Par ailleurs, je crois qu'elle rendrait le français plus accessible aux étrangers.

C. Je suis absolument contre la présence de policiers dans les écoles, car elle ne réglera pas le problème de la violence. J'estime au contraire qu'elle va l'aggraver.

D. Je trouve que la publicité sur les trottoirs pose d'une part un problème esthétique. D'autre part, c'est une manière de forcer l'attention des piétons, à mon avis. On ne peut plus regarder ses chaussures tranquillement !

E. Contrairement à l'opinion de nombreux automobilistes, je considère que la limitation de vitesse permet d'éviter de nombreux accidents.

Formuler un jugement de valeur

Exercice 1

A.3 ; B.1 ; C.4 ; D.2 ; E.5 ; F.7 ; G.6

Exercice 2

A.1 et 6 ; B.5 ; C.2 et 4 ; D.3

Exercice 3

A : très (1), particulièrement (3), trop (4), totalement (8)

B : plutôt (2), relativement (6), moyennement (9)

C : peu (5), pas du tout (10)

Exercice 4

A. Ce jeu en ligne me semble assez original.

B. La médiatrice se montre particulièrement efficace dans cette affaire.

C. Je les ai trouvés plutôt choquants dans son nouveau livre.

D. Ces pesticides se sont avérés extrêmement nocifs pour l'environnement.

Exercice 5

A. C'est une opinion trop courante.

B. Son intervention s'est révélée absolument indispensable.

C. Je déteste ce film, son scénario est vraiment ennuyeux !

D. Ils ne pouvaient pas accepter une décision aussi arbitraire.

E. Il n'a pas été renvoyé, car son comportement a été jugé acceptable.

Exercice 6

A. Oui, je l'ai trouvé très émouvant.

B. En effet, ils sont extrêmement décevants !

C. Si, elle m'a semblé tout à fait louable.

D. Car elle me paraît vraiment discutable.

Exercice 7

Réponses libres. Voici une proposition de corrigés :

Arguments favorables

+ La volonté de maintenir l'ordre dans l'espace public est légitime.

+ On constate de nombreux comportements inadmissibles qui sont liés à l'alcool.

+ La hausse de la consommation d'alcool rend indispensable une nouvelle réglementation.

Arguments défavorables

- Une interdiction ne serait pas efficace, faute de moyens pour l'appliquer.

- L'ivresse est interdite, mais une consommation raisonnable d'alcool devrait rester légale pour respecter la liberté de tous.

- Une telle interdiction ne serait pas bénéfique pour le tourisme.

Exprimer un sentiment

Exercice 1

A : consternation (2), méfiance (6), colère (9), mécontentement (11)

B : a suscité (2), s'inquiètent (3), craignent que + subjonctif (4), ressentent (6), cela me choque de + infinitif (8), éprouvent (9), il est honteux que + subjonctif (10)

C. Adjectifs : déçu (1), pessimistes (5), satisfaite (7), honteux (10)

Exercice 2

A : décevant, susciter, consternant, étonnant, choquer

B : satisfait, mécontent, éprouver, ressentir, déçu, optimiste, s'inquiéter

Exercice 3

Réponse B

Exercice 4

A.5 ; B.4 ; C.1 ; D.3 ; E.2

Exercice 5

Plusieurs réponses possibles. Voici une proposition de corrigés :

A. La future réforme suscite la peur chez les retraités.

B. Il est honteux que les salaires des dirigeants soient multipliés par trois.

C. Ils ont ressenti un grand enthousiasme en apprenant la nouvelle.

D. Je crains que la municipalité ne supprime les cours de natation à la rentrée.

E. Les élèves éprouvent de la déception à quitter leur établissement.

Exercice 6

Plusieurs réponses possibles. Voici une proposition de corrigés :

A. Chaque été, les habitants redoutent les incendies de forêt.

B. La baisse récente du chômage suscite beaucoup d'espoir.

C. La plupart des Français restent indifférents face au développement de l'intelligence artificielle.

D. Il est choquant d'augmenter les frais d'inscription à l'université pour les étrangers.

Exercice 7

Réponses libres. Voici une proposition de corrigés :

A. Je n'éprouve que de l'indifférence, car je n'aime pas beaucoup le football et je trouve que cet événement est une énorme perte de temps.

B. Il est choquant de voir l'inaction des gouvernements face à la déforestation. C'est un problème majeur pour l'environnement et il est urgent d'agir.

C. Je serais satisfait si l'on supprimait le baccalauréat. Son organisation coûte très cher à l'État. Par ailleurs, un contrôle continu serait beaucoup plus équitable.

D. L'idée de voler au-dessus de Paris me réjouit. Mais ce n'est pas pour demain ! En effet, les taxis volants sont autorisés à survoler la banlieue uniquement.

E. L'exploration de la planète Mars me rend assez enthousiaste. Les découvertes récentes sont étonnantes et je serai ravi quand on enverra des hommes sur cette planète.

Proposer des solutions

Exercice 1

A : recommandations (2), mesure (3), issue (7)

B : conseillerais (4), préconise (8), incite (10)

C : et si nous reprenions (1), il faudrait que (5), auraient tout intérêt à (6), si j'étais à votre place (9)

D : pertinentes (2), décisive (3), provisoire (7)

Exercice 2

Réponse C

Exercice 3

A.3 ; B.1 ; C.6 ; D.2 ; E.5 ; F.4

Exercice 4

A.3 ; B.4 ; C.5 ; D.1 ; E.6 ; F.2

Exercice 5

A. préconisation ; B. préférable ; C. encourage ; D. efficace ; E. déconseillerais ; F. radicale

Exercice 6

A. Je recommanderais aux touristes de boycotter les sites trop pollués.

B. J'incite les lecteurs à consulter les suppléments sur le site Internet.

C. Vous devriez essayer les livres électroniques, car ils sont beaucoup moins chers.

D. Si j'étais à leur place, je commencerais par interdire les trottinettes électriques.

E. Il vaudrait mieux que les jeunes choisissent des emplois qui ne pourront pas être occupés par des robots.

Exercice 7

Plusieurs réponses possibles. Voici une proposition de corrigés :

A. Il vaudrait mieux que les cours au collège commencent une heure plus tard.

B. Je recommanderais de limiter le télétravail à 50% du temps hebdomadaire.

C. Pourquoi ne pas raccourcir la durée des vacances d'été ?

D. Accorder le même salaire aux femmes qu'aux hommes serait une mesure déterminante pour l'égalité des sexes.

Exercice 8

Réponses libres. Voici une proposition de corrigés :

A. Il faudrait trouver une solution durable, c'est pourquoi je te déconseillerais la cigarette électronique et tout autre produit de substitution. Il vaudrait mieux également que tu choisisses un bon moment pour commencer, par exemple des vacances.

B. L'interdiction des véhicules les plus bruyants en centre-ville serait une mesure assez radicale, mais très efficace. Je préconise aussi une meilleure isolation sonore des immeubles situés dans les quartiers les plus exposés au bruit.

C. Il est très difficile d'imaginer une solution consensuelle sur ce sujet. Je suggère de trouver des financements pour agrandir les bâtiments. Il serait pertinent, d'autre part, de développer des cours en ligne pour réduire le besoin de locaux.

D. Il serait temps de prendre des mesures draconiennes. Pourquoi ne pas interdire tous les emballages plastiques dans les commerces ? Et si on punissait sévèrement tous ceux qui rejettent des matières plastiques dans la mer ?

Rapporter un point de vue

Exercice 1

A : explique (2), cite (3), a-t-il averti (5), a insisté sur le fait que (7), a fait remarquer (8)

B : soutient (4), prétend (6), a insinué (10)

C : selon (1), comme (2), d'après (3), si l'on en croit (9)

Exercice 2

A.3 ; B.7 ; C.8 ; D.4 ; E.1 ; F.9 ; G.5 ; H.10 ; I.2 ; J.6

Exercice 3

A.1 et 3 ; B.2 ; C.4 ; D.5 ; E.3 et 6 ; F.1, 3 et 6

Exercice 4

A. a averti ; B. s'est moquée ; C. ont-ils reconnu ; D. prétendent ; E. se plaignent

Exercice 5

A.2 ; B.4 ; C.1 ; D.5 ; E.6 ; F.3

Exercice 6

Plusieurs réponses possibles. Voici une proposition de corrigés :

A. Il a promis de tout mettre en œuvre avec son gouvernement pour réduire la dette publique.

B. Il s'étonne que la mairie n'interdise pas les voitures en centre-ville.

C. Il craint que tous les magasins n'ouvrent le dimanche.

D. Il affirme que le télétravail ne présente que des avantages.

E. Il a admis que la transition énergétique aurait un coût pour les familles.

F. Il a prétexté que le règlement lui interdisait de répondre à nos questions.

Exercice 7

Réponses libres. Voici une proposition de corrigés :

A. Je m'étonne que ces supermarchés se servent encore de sacs plastiques.

B. Les Français eux-mêmes reconnaissent que le français est parfois trop subtil.

C. Les étudiants ont fait remarquer que la durée des vacances diminuait chaque année.

D. Certains hommes insinuent que les femmes gagnent moins parce qu'elles n'ont pas les mêmes compétences.

Exprimer un accord ou un désaccord

Exercice 1

A : je suis absolument du même avis (1), admettons que (2), effectivement (3), je suis favorable à (6), unanimité (9)

B : il est tout à fait faux de dire que (4), c'est en partie exact (5), cela dépend (7), je suis fermement opposé à (8), désapprobation (10)

Exercice 2

A.1 ; B.4 ; C.3 ; D.5 ; E.2

Exercice 3

Absolument, effectivement, tout à fait, bien entendu, fermement, certainement

Voir d'autres exemples dans la boîte à outils.

Exercice 4

A. avis ; B. tort ; C. effectivement ; D. dépendre ; E. divergence ; F. favorables

Exercice 5

A. Nous sommes tout à fait d'accord sur ce point.

B. Ce serait une grave erreur de ne pas aborder le problème.

C. Je vous rejoins sur l'obligation d'utiliser des matières recyclables.

D. Je ne vois pas pourquoi il faudrait imposer l'uniforme à l'école.

E. Votre argument relatif à la sécurité dans les lieux publics est en partie exact.

Exercice 6

Plusieurs réponses possibles. Voici une proposition de corrigés :

A. Vous avez parfaitement raison de vouloir interdire les téléphones au bureau.

B. La construction d'une nouvelle autoroute ne fait pas l'unanimité parmi les habitants.

C. Je vous rejoins tout à fait sur l'ouverture des magasins le dimanche.

D. Je suis fermement opposé à l'installation d'une nouvelle zone commerciale.

E. Il est absolument faux de dire que les jeux vidéo rendent violents.

Exercice 7

Réponses libres. Voici une proposition de corrigés :

A. Je ne suis pas vraiment favorable à cette mesure, car elle risquerait d'augmenter sensiblement le prix des repas.

B. Selon moi, c'est une erreur de croire que les réseaux sociaux empêchent l'amitié. Ils permettent au contraire de l'entretenir, même si c'est d'une manière différente.

C. Je ne vois pas pourquoi ce partage serait impossible dans une famille ! Cela n'est pas très difficile d'en discuter et d'instaurer une bonne répartition.

D. Je ne suis pas du tout de cet avis. Le changement climatique est une réalité scientifiquement prouvée.

Exprimer une concession/opposition

Exercice 1

A : malgré (1), je vous concède que (3), si efficaces qu'elles soient (5), je n'ignore pas (8), s'il est vrai que (9), bien que (10)

B : néanmoins (2), il n'en reste pas moins que (4), cependant (6), au lieu de (7), il n'en demeure pas moins que (9)

Exercice 2

Réponse B

Exercice 3

Réponses A et B. L'argumentation « à la française » suit souvent ce mouvement de concession/opposition, qui consiste à admettre en partie un argument pour mieux le critiquer ensuite.

Exercice 4

A.4 ; B.3 ; C.5 ; D.2 ; E.1 ; F.6

Exercice 5

A. Il faut bien reconnaître que ; B. S'il est vrai que / il n'en demeure pas moins que ; C. Quoique ; D. Certes ; E. en revanche

Exercice 6

Plusieurs solutions possibles. Voici une proposition de corrigés :

A. Bien que les achats en ligne soient sécurisés, les internautes ont encore peur de ce mode de consommation.

B. En dépit des protestations des habitants, la mairie va abattre les arbres de la place.

C. La voiture électrique est idéale sur les petits trajets, tandis qu'elle n'est pas adaptée aux départs en vacances.

D. Des mesures, si impopulaires qu'elles soient, doivent être prises pour réduire la pollution atmosphérique.

E. Si les applications de langues rencontrent beaucoup de succès, elles ne tiennent pas cependant toutes leurs promesses.

Exercice 7

Réponses libres. Voici une proposition de corrigés :

A. Peu de salariés demandent un congé paternité, alors que la loi les y autorise.

B. De nombreux appareils électroniques sont jetés à la poubelle, quel que soit leur état de fonctionnement.

C. Le véganisme rencontre beaucoup de succès en Europe, en revanche il est encore peu connu en Asie.

D. Nos meilleurs amis peuvent parfois nous énerver, mais il faut bien reconnaître qu'on ne pourrait pas vivre sans eux.

Printed in Great Britain
by Amazon

57229019R00054